16	3	2	13
5	10	11	8
9	6	7	12
4	15	14	1

Otavio Frias Filho

DE PONTA-CABEÇA

Fim do milênio
em 99 artigos de jornal

editora ■ 34

EDITORA 34

Editora 34 Ltda.
Rua Hungria, 592 Jardim Europa CEP 01455-000
São Paulo - SP Brasil Tel/Fax (11) 816-6777 editora34@uol.com.br

Copyright © Editora 34 Ltda., 2000
De ponta-cabeça © Otavio Frias Filho, 2000

A FOTOCÓPIA DE QUALQUER FOLHA DESTE LIVRO É ILEGAL, E CONFIGURA UMA APROPRIAÇÃO INDEVIDA DOS DIREITOS INTELECTUAIS E PATRIMONIAIS DO AUTOR.

Pesquisa e montagem dos originais:
Alessandra Kormann
André Luiz Ghedine Ribeiro
Andrea Melchior de Almeida
Claudio Cordeiro
Florência Vaz Pereira
Renata Aparecida dos Santos

Capa, projeto gráfico e editoração eletrônica:
Bracher & Malta Produção Gráfica

Revisão:
Isabella Marcatti

1ª Edição - 2000

Catalogação na Fonte do Departamento Nacional do Livro
(Fundação Biblioteca Nacional, RJ, Brasil)

	Frias Filho, Otavio
F52d	De ponta-cabeça: fim do milênio em 99 artigos de jornal / Otavio Frias Filho — São Paulo: Ed. 34, 2000.
	224 p.
	ISBN 85-7326-168-4
	1. Comentários editoriais - Jornalismo - Brasil. I. Título.

CDD - 070.44

DE PONTA-CABEÇA
Fim do milênio em 99 artigos de jornal

Política

Mais um plano	14
Poema ou teorema	16
Depois da lua-de-mel	18
Um encanador é um encanador	20
Ser ou não ser	22
Collor, o réu	24
Governo sem imagem	26
PFL 2000	28
Tanto faz	30
Política do impossível	32
Bom para os negócios	34
Enfim, uma ideologia	36
O nome de Enéas	38
É tudo ladrão	40
Gente que não faz	42
Procura-se um estilo	44
Falsa identidade	46

Crônica

"Who is who" do celular	50
No tempo da ditadura	52
Viva e deixe viver	54
El Cid	56
A vingança dos nerds	58
Imoralidades	60
Amordaçados por algemas	62
Uma noite em Blumenau	64
Astúcia da aranha	66
Perto das estrelas	68

"Globalização"

A lei de Parkinson	72
Sub	74
Metalepse	76
Fim da história	78
5.300 anos	80
Helicópteros	82
Trabalhos forçados	84
Volta à natureza	86
O aiatolá Gorbatchov	88
Magna China	90
Americofobia	92
Réquiem para o comunismo	94
Restauração já	96
Em Roma, como os romanos	98
Pinochet encarcerado	100
Fim de século	102
Ecos do muro	104

Brasil

Brasília, urgente	108
Cortina de fumaça	110
Brasil brasileiro	112
Nossas elites	114
Geomancia	116
Raça Brasil	118
Mortes	120
Brasil vilão	122
Sociologia das loiras	124

Cultura e mídia

Escola do sexo	128
Inteligência	130
Publicidade como comédia	132
Lesbian chic	134

Em nome de Deus 136
Mamonas 138
Confissões de um macaco 140
Semana Santa 142
O fim da novela 144
Nova visita da velha senhora 146
Sem movimento 148
TV Utopia 150
Carismáticos e cia. 152
Meia-oito 154
O império contra-ataca 156
O tamanho da mulher 158
Superação da infância 160
Poeta de novela 162
Biodemocracia 164
Réquiem para a libertação 166

Livros

Celebridades 170
Estúpidas idéias 172
O silêncio de Raduan 174
A volta da família 176
Charbonneau 178
Canudos sobrevive 180
O diagrama do balão 182
Eles se merecem 184
No tempo dos militares 186
Ciência como superstição 188
Um escritor "médio" 190
Para (não) entender Kafka 192
Brasil, país do passado 194
Lenda pessoal 196
A utopia de Caminha 198
Capitu no tribunal 200

Cinema e teatro

Fura 204
Pérolas 206
Crumb 208
Menina de óculos 210
Vilões 212
Programa de feriado 214
Ascensão e queda de Bertolt Brecht 216
Rindo com a tragédia 218
Voto de castidade 220
Século morto 222

Para Paula da Cunha Corrêa

Os textos a seguir são uma seleção de artigos que o autor publicou às quintas-feiras na página 2 da seção de Opinião da *Folha de S. Paulo*, entre junho de 1994 e dezembro de 1999. O período abarca a conquista da estabilidade financeira, a consolidação das idéias liberais em economia, uma reeleição presidencial, o auge do binômio globalização/exclusão, o surgimento da Internet como fenômeno de massas e da religião como espetáculo de mídia. Escritos quase sempre às pressas, quando os contornos dos acontecimentos ainda eram indefinidos, esses artigos tinham a pretensão de examiná-los sob uma perspectiva que transcendesse o dia seguinte. Deveriam, também, sugerir explicações que por sua vez transcendessem cada fato isolado, permitindo integrá-lo nas vira-voltas que puseram o mundo de ponta-cabeça. Os textos escolhidos foram os que menos frustraram os dois objetivos.

POLÍTICA

MAIS UM PLANO

O primeiro Plano a gente nunca esquece. No dia em que decretaram o Cruzado, em 86, um bispo dos mais realmente cristãos me perguntou quem era o autor da idéia. Ele estava maravilhado com o fato de ser tão fácil submeter as leis do mercado às da moral. E parecia decidido a reservar um lugar eminente, nas suas preces, ao nome do benfeitor.

"Pérsio Arida", respondi à queima-roupa, cometendo injustiça com os co-autores e com todos os outros para quem a intercessão do bispo seria talvez mais necessária. Eis que oito anos e cinco ou seis planos depois, estamos às vésperas de mais um dos experimentos fabulosos do dr. Arida.

É um mistério o porquê de intelectuais tão talentosos se dedicarem a uma ciência conhecida como melancólica e a um trabalho aparentemente de Sísifo. Arida e seu colega André Lara Resende lembram Rosencrantz e Guildenstern, os personagens de *Hamlet*, perdidos numa trama de canalhas e loucos, eles próprios um pouco abilolados.

Se graças às frustrações a sociedade é agora mais incrédula, o Plano também se sofisticou em nuances e astúcias. Porque parece que é o mesmo Plano que sempre recrudesce, como a inflação; que vai e volta cada vez mais etéreo, racional e sutil nas suas reaparições. O que havia de heróico e aventureiro no Cruzado foi substituído pela frieza de um programa que se define secamente como "real". Estão ambos unidos, entretanto, pela paixão da sociologia aplicada, e não será à toa que o candidato do Plano é sociólogo.

Se você for otimista, poderá concluir que pelo menos nossa cultura em matéria de planos está aumentando. Se for pessimista, pode achar que plano nenhum resolve. Uma opção dessas é intuitiva, como o voto ou qualquer outra decisão que envolva crença.

O ponto vulnerável dos dois — Plano e candidato — talvez esteja justamente aí, na sua falta de senso do espetacular, na fraqueza do seu apelo emotivo, na estranha promessa eleitoral de que não haverá nem pão nem circo.

A campanha de FHC aposta que o eleitorado é realista o bastante para assinar embaixo de um programa de estabilidade, privatização e abertura exterior. Afinal, ainda que de modo inconsciente, o eleitor já passou esse cheque — em branco — ao candidato Collor. Mas o programa FHC desencadearia uma violência competitiva de resultados imprevisíveis num país miserável. Como se tivessem percepção disso, despossuídos e beneficiados por prerrogativas se unem num movimento de legítima defesa: ilusão por ilusão, o Cruzado de hoje é o Plano Lula.

(30/06/1994)

POEMA OU TEOREMA

Se a polarização entre Lula e Fernando Henrique de fato se fixar, como parece provável, a eleição será o encontro de duas marés opostas, uma de origem doméstica, outra de origem internacional.

A maré interna é a revanche histórica, secular, que uma vitória de Lula expressaria. Por maior que seja a vocação de sua candidatura para ser "domesticada", o simbolismo de um excluído ocupando o cargo que foi de Pedro II e de Getúlio Vargas equivale a um vendaval. As relações sociais por um momento entrarão em crise. A expectativa de justiça, longamente frustrada, deverá eclodir com toda a virulência. Como trombeteia o incrível poema que Haroldo de Campos fez para o candidato: "quem quer terra/ vai ter terra/ quem tem fome/ vai ter pão".

Infelizmente poemas não movem montanhas e nada indica que ao se explicitarem as expectativas se realizem. Mas devem ao menos gerar algum susto e uma pressão redistributiva, a ser paga em termos de mais atraso na adaptação do país ao cenário externo.

As exigências dessa adequação internacional estão cristalizadas, pelo contrário, em FHC. Não foi só por oportunismo, mas por coerência que os tucanos fizeram o possível para aderir ao governo Collor e agora se aliam ao PFL. Aqui como em toda parte, faz tempo que os social-democratas viraram neoliberais. E as evidências internacionais são de fato arrasadoras. Nos países do Norte, no Extremo Oriente, no Leste Europeu, na América Latina, em todo lugar do mundo onde houver governo a fórmula é uma só: desregulamentar e privatizar.

A derrota do bloco comunista e a revolução da informática centuplicaram as energias do capitalismo. A idéia é a de que quanto maior a competição, menores os custos e melhor a eficiência. Para um país miserável como o nosso, a escolha é trágica: repelir o consenso internacional e definhar na ineficiência ou aceitá-lo e condenar a população mais pobre a uma alienação cada vez mais abissal.

Nenhuma das candidaturas passa pelo teste negativo, pela prova daquilo que não poderão evitar. Nem FHC consegue demonstrar que a inclusão internacional do Brasil não vai produzir mais exclusão social, nem Lula convence que a inclusão social não terá por consequência nossa exclusão como país.

Claro que nada é branco ou preto. É comum que candidatos se elejam com base num programa diferente, muitas vezes oposto àquele que acabam adotando no poder. Não seria surpresa se um eventual governo FHC fosse acometido de surtos periódicos de populismo, nem que Lula terminasse por consolidar a inserção internacional esboçada na fase Collor. Como todos nós, governantes não passam de marionetes das suas próprias conveniências.

(07/07/1994)

DEPOIS DA LUA-DE-MEL

Até agora Lula vinha em lua-de-mel com a democracia burguesa. Mas o avanço de FHC nas pesquisas e a crise na sua própria chapa devem trazer o mau humor e as dores de cabeça próprios de qualquer casamento.

Haverá incompatibilidade de gênios? Sob muitos aspectos o PT é o mais democrático dos partidos brasileiros. Transfere para a política um conteúdo social que ela nunca teve e toma suas decisões internas por voto de maioria.

Mas a idéia petista de democracia, que aliás vem de Rousseau e Lênin, é a de maioria reunida em assembléia. Muito atraente pelo lado participativo, essa idéia apresenta o incômodo de afastar a imensa maioria dos que não têm condições, vontade ou tempo de frequentar assembléias. Um exemplo minúsculo, mas que pode se reproduzir em escala maior, é o dos grafiteiros no início da gestão Erundina em São Paulo. Jânio havia reprimido as pichações, e com a vitória do PT elas floresceram no exercício de uma espécie de democracia visual.

A resposta da prefeitura foi chamar os envolvidos para discutir, o que parece ótimo. Mas como uma assembléia sobre pichações dificilmente mobiliza alguém que não seja pichador, o impasse estava criado e se exacerbou conforme as pressões contrárias, de classe média, apareciam na imprensa. Quanto mais inócua uma discussão mais ela divide os ânimos, e a polêmica se estendeu, inútil, até definhar sem nenhuma solução identificável.

Outro ponto de atrito com a democracia convencional, representativa, são os direitos que não dependem da maioria e que podem ser usados contra ela — o direito de opinião, por exemplo. Exímia em cultivar controvérsias dentro da sua própria doutrina, parte expressiva, talvez majoritária, do PT não reconhece o direito à existência de outras doutrinas. O termo "xiitas" pegou como apelido desses grupos porque expressa o fundo religioso da sua atitude.

Paradoxalmente, os políticos cínicos, que vêem a política como um meio de vida e nada mais, se adaptam melhor ao relativismo e à imprevisibilidade da democracia. Conciliam na vitória e toleram estoicamente os reveses, à espera de dias melhores. O PT é movido por uma fé que lembra a origem, cristã ou socialista, da maioria dos militantes. O ingrediente de dúvida está excluído de ambos os credos. Num caso, a certeza vem da revelação divina; no outro, da inevitabilidade do processo histórico.

Lula deverá ser colocado em xeque várias vezes até a eleição. Há algo de sádico na maneira pela qual os candidatos são, durante a campanha, expostos, questionados, insultados e ridicularizados. Mas esse sadismo não é menos necessário para o esclarecimento do eleitor do que para a educação democrática do candidato.

(14/07/1994)

UM ENCANADOR É UM ENCANADOR

Deu grande controvérsia a alusão, suscitada pelo cineasta Arnaldo Jabor e repetida em outro contexto pela atriz Ruth Escobar, que associa FHC ao filósofo Sartre e Lula a um encanador, ou bombeiro, como se diz no Rio.

Foram rios de indignação contra o preconceito implícito na analogia. Muito bem. Mas como o preconceito sempre toma por verdade geral uma constatação parcialmente verdadeira, ou pelo menos justificável em parte, cabe perguntar se FHC não é de fato "Sartre" e Lula um "encanador".

Não é o candidato-sociólogo apresentado como uma espécie de prodígio capaz de impor sua superioridade racional à esquerda e à direita? Não é ele uma carreira de méritos intelectuais a ser obrigatoriamente coroada pelo prêmio mais eminente? E não é ao mesmo tempo sartreano o problema de FHC, ou seja, saber se a excelência em matéria intelectual, em "cosa mentale", na expressão de Leonardo da Vinci, pode ser convertida em desempenho? Em outras palavras, será o melhor cérebro necessariamente o melhor governante?

No caso de Lula, a arqueologia do preconceito segue o mesmo traçado. Pois mesmo quem não sabe de alguma forma pressente que o sentido de uma eventual — e cada vez menos provável — vitória de Lula repousa na sua condição de "encanador", de excluído do saber que normalmente se associa ao poder.

A réplica de Lula à *boutade* dos intelectuais tucanos foi precisa e elegante: um encanador é mais indispensável que um Sartre. O encanador tem função em meio às realidades sensíveis, práticas, enquanto que Sartre é um fantasma que se agita inutilmente sobre elas.

Na metáfora Sartre *x* encanador está o dilema desta eleição: ou bem acreditamos que a sabedoria intelectual é capaz de absorver a massa dos reclamos populares ou, pelo contrário, que só uma sensibilidade grosseiramente popular pode exprimir a solução racional para nossos problemas.

Nem oito nem oitenta: nem tão à direita nem tão à esquerda, numa disputa que tediosamente, aliás, converge para o centro, para o indiferente. De toda forma, o demônio do preconceito (e da ideologia) persegue as ressonâncias inexoráveis do seu destino que é dividir e não unir. Quem mais esbraveja contra o preconceito é quem mais incorre nele, pois é igualmente preconceituoso qualificar alguém inepto para o governo de mero "encanador", quanto considerar que um mero "encanador" seria inepto para o governo.

No fundo, o preconceito não está na intenção malévola de quem o pratica, mas na receptividade culpada de quem é seu alvo. No momento em que nenhum insulto contra negro, "encanador" ou homossexual exercer efeito vexaminoso sobre o insultado, só então o preconceito estará perfeitamente extinto.

Ao reagir com humor à frase desajeitada, Lula mostrou como o preconceito é pessoalmente ineficaz contra ele. Mas ao contrário da maioria da população, o candidato do PT não tem motivo para sofrer. Na vitória ou na derrota ele está pago e satisfeito, parece de bem com a vida — a única coisa que importa.

(11/08/1994)

SER OU NÃO SER

Não sei se elegemos exatamente Jean-Paul Sartre para presidente, conforme a profecia aziaga que circulou durante a campanha, mas não há dúvida de que vamos ter Simone de Beauvoir como primeira-dama.

Especialmente neste capítulo, o das primeiras-damas, o avanço institucional foi enorme. Em vez daquelas velhotas maquiadas no próprio pasmo, matronas de cabelo azul, temos agora uma mulher seca, inteligente e versada.

E ainda por cima antropóloga. Os antropólogos se dedicam há décadas a solapar as certezas da ciência social, a identificar uma ordem paralela, de valores simbólicos, relativos e interpessoais, para contrapô-los às regras gerais da sociologia. A hostilidade de Ruth Cardoso em face do assédio da imprensa é sintoma dessa reação de antropóloga e afirmação da esfera particular contra a pública. Baseia-se em valores alternativos, politicamente corretos, do feminismo ao direito à privacidade.

Feminismo porque ela não é, não aceita ser a mulher do presidente, mas sim uma pessoa dotada de aura própria. Direito à privacidade quando se mostra ciosa em demarcar: "Isto é nossa vida privada, daqui não passarão".

Mas o observador atento terá observado, como é de seu dever, que a antropóloga mudou — quem, nas circunstâncias, não mudaria? Ela percebeu que recusando-se a jogar o jogo, jogava; que não querendo atrapalhar, atrapalhava; terminou por ceder ao turbilhão de forças impessoais que arrasta o casal destino afora.

Deus nos livre de um chefe de Estado inteligente, mas pior ainda é uma primeira-dama instruída! E subjetivamente, com efeito, não poderia haver casal melhor credenciado. O festival de bajulação na imprensa, costumeiro em todo início de governo, desta vez tem apoio nas evidências.

Comparado intelectualmente a FHC, Mitterrand é uma espécie de Franco Montoro. Depois do espetáculo nietzschiano de Collor em ação, que lhe valeu o apelido de Indiana Jones conferido, dizem, por Bush, podemos nos preparar para algo muito superior. Em Madri, uma escapadinha para rever o Prado. Um "tête-à-tête" com Lévi-Strauss, em Paris, parece indispensável. Na Alemanha, cai bem uma visita a Buchenwald ou Dachau, a fim de mostrar nossa inserção no próprio cume da problemática ocidental. E assim por diante.

Desde Platão existe uma coceira, uma dúvida, uma tentação: não seria melhor entregar o governo aos sábios, já que os loucos e os cretinos não resolvem? Será tão interessante acompanhar a primeira-dama a ser criada por Ruth Cardoso quanto o desenvolvimento do personagem que coube ao marido.

Penso que há dois requisitos básicos no governante (Collor, aliás, detinha ambos): a aptidão de gerar uma atmosfera simbólica a partir da própria personalidade e a de perseverar apaixonadamente em alguma intuição de alcance estratégico.

Inteligência, estupidez, corrupção tendem a se dissolver diante do peso desses dois requisitos. O casal FHC tem de sobra o primeiro, o que já é um grande passo para ter o segundo. Dar o passo que falta é responder à pergunta do título, mais que famoso, deste artigo.

(13/10/1994)

COLLOR, O RÉU

Aproxima-se o julgamento de Fernando Collor. Afastado do cargo de presidente pela Câmara, por razões políticas, ele será julgado agora no Supremo sob acusação de praticar crimes comuns.

Os dois anos que nos separam da deposição, mais os trágicos desdobramentos na família do ex-presidente, devem propiciar um clima desarmado em torno do julgamento. A revisão política da era Collor, aliás, já começou. Não que alguém duvide de que ele tenha sido responsável pela instalação de um sistema de pilhagem do Estado em escala talvez nunca vista. Nem de que seu governo tenha sido recessivo, desorganizador e atrabiliário.

Dizem que o brasileiro não tem memória, mas é difícil que a fúria contra Collor venha algum dia a se aplacar em perdão. Jânio Quadros, por falta muito menor, nunca foi completamente perdoado e morreu tendo de responder à famosa interpelação. Mas a revisão do sentido histórico do governo Collor está em curso, deflagrada de modo audacioso, quase temerário, por um desafeto do ex-presidente, o jornalista Luís Nassif.

Já se tornou lugar-comum dizer que Collor trocou a agenda ideológica do país, mais ou menos a mesma desde os anos 60/70, e nos legou uma outra, que discutimos hoje e que vai nos acompanhar, tudo indica, por longo tempo. Collor não foi agente, mas instrumento dessa troca, que demorou. Fazia alguns anos que o ambiente de idéias, no plano internacional, já era outro. O mérito de Collor foi dar tradução eleitoral e estética às idéias que vinham, como sempre, de fora.

O sentido do governo FHC é o mesmo do governo Collor, o que não quer dizer, obviamente, que vá recair nos desmandos e maracutaias que perderam o outro, nem que os estilos se assemelhem. Como Jânio, a quem foi tantas vezes comparado, Collor parece ser um desses meteoros cuja imagem fascina e influencia gerações de políticos. O mesmo movimento que o tirou do anonimato e o levou ao ápice em seguida arrastou-o até a rua da amargura, como se diz.

Se não fossem a voracidade, a histeria, o hábito de apostar sempre tudo ou nada, Collor não teria caído, mas também não teria chegado ao poder. Sem os métodos inescrupulosos e artificiais — "candidato de plástico", diziam — que utilizou, não teria hipnotizado o país e tampouco seu reinado teria virado pó da noite para o dia.

Todas as pontas do fenômeno Collor estão unidas por fios invisíveis, até mesmo o drama familiar em que a imprensa identifica ressonâncias gregas, de forma que é impossível separar antes e depois, uma parte da outra. É destino, talvez.

Sociologicamente, ele caiu porque tentou governar contra todos os grupos sociais ao mesmo tempo. Nem César, nem Bonaparte conseguiu isso. E FHC não está nem pensando em tentar.

(01/12/1994)

GOVERNO SEM IMAGEM

As pessoas se perguntam sobre o que está havendo, afinal, com FHC. Ele era a grande promessa da política brasileira. Chegou-se a falar na sorte de um país que podia se dar ao luxo de tê-lo como presidente. E nunca um governo começou tão por baixo. A estratégia é clara: engolir todos os sapos até que as reformas passem no Congresso. Desengessada a economia, o governo seria o primeiro a se beneficiar de um novo surto de crescimento.

A resistência ideológica a essas reformas é muito menor do que se imagina. A esta altura, trata-se de forçar portas arrombadas. O problema é a reação corporativa e o clientelismo que o presidente, na campanha, considerava coisa do passado.

Sempre que o Congresso se mexe, é por medo. Entre as técnicas terroristas de Collor e a atual moleza há muito meio-termo. Talvez os fatos venham a confirmar a sensação de que FHC está sendo concessivo demais, ou sem necessidade.

O resultado das reformas são outros quinhentos. Mas a imagem do governo é um problema urgente. O alarme da impopularidade continua tocando, enquanto caciques e publicitários dão seus palpites. Concluíram que o presidente deve circular. A primeira incursão foi a espantosa aulinha no interior da Bahia, onde tudo deu errado: as crianças ou dormiam ou olhavam para as câmaras; o professor parecia enfrentar sua primeira banca de examinadores.

Em cada visita há o risco de manifestações de protesto, amplificadas pelos noticiários à noite, de modo que não será surpresa se logo concluírem que o melhor é o presidente ficar mesmo encastelado.

Enquanto isso, o governo não transmite uma simbologia, uma marca. Quiseram apagar a era dos sustos, diziam que a administração seria "um processo". Estão sendo vítimas, agora, dessa ausência de sinais, de "características", como empolou o presidente.

Tão sonolenta quanto os alunos de FHC, a mídia não sabe o que fazer com um governo que não produz escândalos nem notícias, não desperta ira nem entusiasmo e por isso mesmo parece não governar. Era patética a cena do presidente sentado na cama que foi de JK, buscando inspiração no oceano de imagens daquele mito: Brasília, DKWs, a bossa nova, a poesia concreta, as casas pré-fabricadas, o aerodinamismo.

Os presidentes que associaram um repertório de signos à sua própria imagem se beneficiaram do acaso, é claro, e de impulsos internacionais que vinham se combinar ao elemento local para gerar uma nova forma de otimismo. O reconhecimento sempre acontece *a posteriori*, quando já é possível juntar aspectos desconexos e identificar marcas que antes se perdiam no turbilhão do presente. FHC ainda tem tempo.

Mas o principal atributo desses períodos que irradiam um imaginário forte e coeso é terem rompido com a expectativa anterior, dando a impressão, num país de desenvolvimento caótico, que nada será como antes. Do ponto de vista econômico, a aura de FHC já tem dono: liberalização, importados, Collor. E do ponto de vista político, seu governo é de fato um "processo", uma continuidade sem susto nem surpresa.

(16/02/1995)

PFL 2000

Enquanto o governo se preocupa com o saldo comercial de junho, enquanto a CUT e o PT lutam para sobreviver amanhã, o PFL só pensa no ano 2000. Tudo vai tão às maravilhas para esse partido que a direção nacional, olhos postos no futuro, já divulgou suas teses para a data fatídica.

Afora a banalidade publicitária da marca, o advento do ano 2000 tem um significado muito especial para o PFL. Afinal de contas, não é todo dia que um partido comemora 500 anos de domínio sobre seu país; sempre citado como detentor do recorde, o PRI mexicano mal passa dos 70.

Verdade que no passado recente o PFL foi expulso do poder (político, não social) pelo ditador Getúlio Vargas. Chamava-se então UDN e amargou algumas décadas de ostracismo, desenvolvendo sofisticadas técnicas de golpe de Estado na tentativa de voltar. A UDN reunia tudo o que houvesse de mais hipócrita e sacripanta na política brasileira. Era formada por fazendeiros-bacharéis que suspiravam pelo liberalismo europeu ou americano, enquanto mantinham suas propriedades em regime semifeudal.

As intenções eram as melhores, na oratória fulgurante de alguns de seus líderes, mas o país não se adequava a elas. Não havia fazendeiros-bacharéis em quantidade suficiente para eleger os candidatos da UDN e o partido foi obrigado, a fim de concretizar aquelas intenções, a seduzir os militares para chegar, com eles, ao poder.

Tentaram em 45, em 55, em 61 e finalmente conseguiram em 64. Exceto pela defecção de uns poucos sonhadores, incapazes de entender como o governo dos liberais poderia ser uma ditadura, ficaram bem instalados até 85, quando pularam para o barco de Tancredo, e deste para o de Sarney, de Collor, de FHC, rumo ao ano 2000.

Tudo isso é mais do que sabido. Mas de alguns anos para cá, uma profunda reviravolta se preparava nos subterrâneos da economia internacional; ao eclodir, entre milhares de conseqüências igualmente minúsculas, ela mudou o destino da UDN, quer dizer, do PFL. Os excluídos sempre foram a pedra no sapato do liberalismo, mas eles tinham uma função no complexo jogo da dependência, na lógica do desenvolvimento "desigual e combinado" entre as nações. Isso acabou. Os excluídos não são mais um estorvo necessário. O futuro dirá se não teria sido mais "humanitário", como sugeriu Marcelo Coelho num artigo, fuzilá-los simplesmente.

O resultado é que pela primeira vez o PFL se sente em casa dentro do seu próprio país. Os miseráveis, os atrasados, os mestiços continuam sendo maioria, mas agora são eles o corpo estranho, o encrave absurdo, os que além de sem-teto, sem-terra etc. passam a ser também sem-lugar.

FHC sabe disso há muito tempo. É o que explica a sua guinada de 180 graus. Explica também o bem-estar no mundo por parte de ACM, a suavidade da ascensão de seu filho, o desmantelamento do sindicalismo, a consagração exultante de Roberto Campos e por que o PFL, aliás UDN, já abre champanhe pelo admirável ano 2000.

(08/06/1995)

TANTO FAZ

Para que serve o PMDB? No meio de tantas emendas e projetos de lei, alguém poderia apresentar a proposta de dissolução imediata desse partido, a bem do serviço público: seria aplaudido em pé. O PMDB ilustra, da forma mais paradigmática possível, a história de qualquer partido, e em última análise de qualquer organização, do nascimento à morte.

Ele surgiu em 1966, quando o governo militar teve a idéia, um tanto extravagante em se tratando de uma ditadura, de dissolver a penca de partidos e permitir que eles se reagrupassem em apenas dois, um pró e outro contra. Tradução de uma última veleidade democrática por parte dos militares, essa idéia frutificou de maneira inesperada e maravilhosa no então MDB.

Afastado de todo contágio importante com o poder, o MDB se tornou um partido de teses; seus dirigentes, como num filme de Costa-Gavras, eram advogados idealistas que procuravam organizar a resistência pública contra a tirania. Era um partido negativo, no sentido de que expressava um "não" a tudo o que estava sendo feito pelas autoridades.

Essa negatividade, no entanto, tinha um caráter universal ao afirmar direitos que eram de toda pessoa, ainda mais profundos e gerais, portanto, do que os direitos de classe ou de região. Foi quando chegou ao poder, no meio dos 80, que o PMDB mudou de vocação, o sinal se inverteu e ele se tornou o partido propositivo por excelência.

Reivindicações sociais numerosas e particulares, represadas durante 20 anos, escoaram pelo PMDB e se cristalizaram no texto da Constituição de 88. Esse foi o sentido do trabalho de Ulysses Guimarães, trabalho perdido, se não inútil, como se vê agora que ele vem sendo desfeito ponto a ponto, como o manto de Penélope, por Collor e FHC.

Então podemos dizer que o MDB começou representando a humanidade inteira, depois passou a representar grupos ou corporações, e agora representa a si próprio. É a casca de um partido, esvaziado de todo conteúdo, é uma superestrutura pendurada no ar. Mas apesar de ser extremo, o caso do PMDB não é único. Pelo contrário, a mesma coisa ocorre em todos os partidos.

Não adianta Vicentinho, PT e CUT tentarem tapar o sol com a peneira, a situação é de uma simplicidade estarrecedora. Da Bolívia à Sibéria, só existe uma fórmula de governo, no momento, em todo o mundo. Collor implantou essa fórmula a ferro e fogo, quebrando as primeiras e maiores resistências; foi devidamente imolado por isso.

Depois do interregno de Itamar, que não significou nada exceto perda de tempo, FHC consolida, tranqüilamente, a obra do antecessor impedido. Todo o vento internacional sopra a seu favor, os sindicatos e os movimentos populares estão mortalmente golpeados, a opinião pública interna já aderiu ao novo tom: não é à toa que ele acha moleza governar o Brasil.

Os partidos perderam função: a própria política não tem mais importância. Não existe divergência de idéias nem "propostas alternativas", tanto faz quem está no governo porque de certa forma alcançamos o estágio da "administração das coisas". Que fiquem dois partidos, digamos, partido par e partido ímpar, a fim de garantir um mínimo de rotação nos cargos do poder, e vamos cuidar do que interessa.

(25/01/1996)

POLÍTICA DO IMPOSSÍVEL

No surto de loquacidade que acaba de atravessar, o presidente da República voltou a seu tema compulsivo, àquela que seria a sua forma particular de neurose: o mito de Fausto, o sujeito que troca, ao menos na versão de Marlowe, as agruras do conhecimento pela onipotência do mando, o livro pelo poder.

Você salva a sua alma, mas não muda as coisas, lembrou o presidente-sociólogo ao criticar a esterilidade de toda política baseada em bons sentimentos. O destino daquele que só vê objetivos-fim, sem considerar os objetivos-meio, seria frustrar todo mundo exceto ele próprio, que só tem olhos, no fundo, para si.

Trata-se de uma completa reviravolta ética, pois desse ponto de vista o sonhador é que é egoísta, o altruísta é que é vaidoso, o intransigente é o verdadeiro imoral. A política se torna "arte do necessário", expelindo tanto os que querem "menos" como os que querem "mais" para um mesmo campo imobilista.

Embora a crítica não se refira a ele, o Brasil tem um profeta que pensa o oposto. Também sociólogo, Herbert de Souza, o Betinho, foi se convertendo num mito nacional, uma espécie de Tolstói mineiro, conforme ele reagia à doença entregando-se às causas da solidariedade, praticando a política do "impossível".

Seria interessante saber como Betinho responderia à crítica, mas não, ele certamente não tem nada de novo a dizer sobre o assunto, porque o seu testemunho é de atitude, não de palavra. O que fez da sua figura um símbolo foi justamente ignorar as mediações da política para tentar "fazer alguma coisa".

Mesmo um leigo em economia fica perplexo ao constatar a ignorância de Betinho sobre o assunto, sua ingenuidade "caipira" em face do que está acontecendo no mundo, sua tentativa de levar o cristianismo para dentro da política, ao risco de atualizar o ditado de que o inferno está cheio de boas intenções.

Entre o desperdício do shopping center e a miséria em torno de cada semáforo, Betinho não vê os descompassos, as articulações, o meandro complexo e invisível para onde o administrador consciencioso deve dirigir sua atenção. Tudo o que ele quer é aproximar as duas pontas do drama, de forma direta, já.

Mas se ele conhecesse economia não teria mobilizado, ainda que por um período fugaz, tantas esperanças e culpas, não teria sido a voz solitária no deserto, como Carlos Heitor Cony lembrou ontem que todo profeta é. O declínio das campanhas de Betinho mostrou o quanto todos os ventos sopram no sentido contrário.

A miséria da política é cada vez mais essa dificuldade de articular possível e "impossível", ideal e prática. Seria preciso não um, mas mil profetas, para nos mostrar as ilusões do pragmatismo, a irrealidade da administração, para escancarar, enfim, o que clama aos céus em cada esquina sem que enxerguemos nada.

(24/10/1996)

BOM PARA OS NEGÓCIOS

Houve uma época em que os políticos não usavam declarar seu desejo de poder. Vigia, naqueles tempos primitivos, a idéia de que o cargo público era um calvário que não se postulava, para o qual se era "convocado" pela lembrança dos correligionários, pelo clamor das massas, pelo futuro da nação etc.

Foi Collor, o abre-alas do atual regime, quem mudou a etiqueta também neste ponto ao anunciar, para susto dos velhos tecelões da política artesanal, que queria, sim, ser presidente, sempre quis, inclusive adorava o emprego, que ele saboreou até o resto amargo daqueles últimos segundos olhados no relógio.

Admitir volúpia pelo poder passava a ser prova de franqueza, energia e vontade de "realizar". É uma pena que Maluf tenha se tornado mais "requintado", mais hipócrita, justamente quando a política como um todo ia deixando de sê-lo, processo que culmina agora com a aprovação da emenda que permite a reeleição.

Não é que nunca tenha havido escândalos maiores, claro que houve, o que sobretudo escandalizou neste caso foi a normalidade em que transcorreu a coisa, a aceitação tranqüila desse bonapartismo inzoneiro, suave e sorridente, que em vez de fechar o Congresso negocia com ele como fariam duas empresas modernas.

Na sua origem histórica, os parlamentos eram câmaras de interesses por meio das quais o Estado espoliava a sociedade; com o tempo, passaram a funcionar em sentido inverso também, não só impondo limites à espoliação tributária, mas pilhando por sua vez o Estado em nome dos grupos mais organizados.

O parlamentar que vende seu voto ao governo, como é notoriamente o caso na maioria de anteontem, negocia em seu próprio favor, de seus amigos e apaniguados, mas também em favor da rede de interesses locais que o sustenta, e esses nexos concêntricos são tanto mais indistinguíveis quanto mais atrasada a região.

Sempre foi difícil separar o que é legítimo do que não é em matéria de lobby parlamentar; a novidade é que essa distinção se tornou desnecessária, como mostrou o governo. O espírito da privatização conquistou também o mundo da política e nada mais normal que ver os deputados atuarem como homens de negócios.

A negociação demorou, foi complicada, porque o contrato era bilionário e amarrava as partes por termo longo, seis anos de prazo de carência, mas ninguém — exceto o tresloucado Maluf — imaginou que o negócio não seria concluído. Os executivos apenas procuravam assegurar-se as condições mais vantajosas na parceria.

Os partidos são paraísos fiscais controlados pelo conglomerado governamental, que detém pelo menos metade das ações em todos, exceto nas pequenas firmas de esquerda, em liquidação pré-falimentar. Diziam que o noticiário político deveria sair na seção de polícia, mas o caderno de economia talvez fosse uma opção mais moderna.

(30/01/1997)

ENFIM, UMA IDEOLOGIA

O principal fenômeno político do ano tem sido, até agora, o surgimento de focos de contestação social que se movimentam à margem da CUT e do PT. Esses mecanismos institucionais foram atropelados tanto pela marcha dos sem-terra como pela rebelião das polícias e tiveram de correr atrás do prejuízo, aderindo às pressas.

PT e CUT estão (estavam?) empenhados em se "modernizar", em acertar o passo com os cenários internacional e doméstico, ambos convergentes em torno das fórmulas do liberalismo econômico. Se não se adaptasse, a esquerda corria o risco de definhar abraçada a duas categorias profissionais sem grande futuro: o funcionalismo e o operariado.

Foi esse raciocínio pragmático que impulsionou o reformismo no PT e ainda mais intensamente na CUT. O eleitorado rejeitava a opção radical, assim como as categorias mais organizadas já não tinham força para impor suas reivindicações. As marchas e motins dos últimos meses, porém, colocam o reformismo em xeque.

A "esquerda" pode agora retribuir à "direita" do partido as mesmas acusações que vinha sofrendo: é a "direita" quem está longe das massas, são os "jurássicos" que aparecem sintonizados com o momento. A retórica do MST, por exemplo, salta a democratização dos anos 70/80 para ir diretamente ao nacionalismo dos 50.

Assim, o fato mais inédito na política, a saber, o ressurgimento da oposição extraparlamentar pela primeira vez em 20 anos, parece que se combina com a mentalidade mais antiga em termos de esquerda, aquela que o PT, antes mesmo da "globalização", já havia superado.

Esse quadro atualiza a leitura do extravagante livro de Gilberto Felisberto Vasconcellos analisado ontem por Marcelo Coelho na Ilustrada. O autor lecionava sociologia na Fundação Getúlio Vargas de São Paulo e era tido, naquele final de anos 70, como mestre pensante da Libelu, a influente facção trotskista do movimento estudantil.

Depois de uma passagem pela *Folha de S. Paulo*, onde travou contato com Cláudio Abramo e Glauber Rocha, Vasconcellos entrou em parafuso, foi para Paris, caiu numa espécie de autoclandestinidade. Reaparece com este livro quase clandestino (*O príncipe da moeda*, Espaço e Tempo), um ensaio em tom delirante e fantasista.

E ao mesmo tempo fascinante, pela capacidade de associação de idéias do autor e pela excêntrica releitura que ele faz do tucanato, ponto culminante da desnacionalização do Brasil por São Paulo. Cebrap, Fiesp, ABC, USP e a mídia aparecem como forças coligadas da recolonização, que encontrou sua síntese em FHC.

O que desmoralizou a idéia nacional no Brasil foi a incapacidade do povo para se revoltar. Mediunizando Glauber Rocha, esse livro reorganiza os clichês do varguismo com grande força de imaginação. Criou um irracionalismo sociológico que poderia ser a ideologia, ainda que por um lapso, do novo surto de revolta popular.

(31/07/1997)

O NOME DE ENÉAS

Na campanha presidencial de 94, o candidato Enéas Carneiro disse à repórter Edna Dantas: "A não ser que eu seja eliminado fisicamente, a senhora está falando com o próximo presidente da República". Nem eliminado nem presidente, Enéas pegou um impressionante terceiro lugar, à frente de Brizola e Quércia.

Continua candidato, sempre à suprema magistratura, como ele diria: está com 7% das preferências eleitorais, algo como 7 milhões de cérebros — 2 milhões além dos que elegeram seu antepassado, Jânio Quadros. A oposição extraparlamentar mais irrita do que ganha a sociedade; a partidária está destroçada.

Todas as correntes políticas convergem para o "social-liberalismo", Frankenstein ideológico teorizado entre nós por José Guilherme Merquior. Enéas não. Suas idéias continuam inabaláveis, sua pregação não se alterou um milímetro, exatamente porque elas estão petrificadas, são resíduos verbais herdados dos anos 50.

Se o vigoroso debate intelectual promovido pelo nacionalismo de então fosse comparado a uma fornalha de idéias, a retórica do eneísmo seria a fuligem. Já se disse que seu nacionalismo é fascista. Vários pontos "programáticos" coincidem: moralismo bisonho, ênfase no chefe, ódio à lengalenga democrática, à finança, à imprensa.

Sabemos, porém, que a cultura brasileira, por suas qualidades e por seus defeitos, é refratária ao fascismo. A flexibilidade dos princípios (e dos preconceitos), o inautêntico da maioria das experiências, o relativismo dos costumes, nada se adapta bem à disciplina histérica que o fascismo sempre requereu, até na Itália.

Os dois políticos de tipo "hitleriano" que o Brasil chegou a eleger, Jânio e Collor, não duraram no cargo. Se Enéas subir além do patamar atual, o que não é impossível dado o vácuo oposicionista, o mais provável é que sua retórica a partir de determinado momento se amenize, diluindo-se conforme se amplie.

Fascista ou não, o que explica a emergência desse candidato insólito, que se apresenta ao som da V Sinfonia cercado por um pequeno séquito de clones, recrutado em algum Congresso Internacional de Gente Esquisita? Existe algo de espírito de porco, de deboche brasileiro, de "cacareco" em parte dos votos por Enéas.

Existe também a confirmação de uma das "leis" descobertas por Quadros, a de que o eleitor brasileiro ama o político incompreensível, envolto numa bruma de cultura ruibarbosa. "Esse sujeito é um crânio", o que é penosamente verdadeiro no caso de Enéas. Mas há um fundamento menos psicológico, de base social.

Enéas procura sintonizar a legião dos atropelados pela fase recente do capitalismo, altamente destrutiva para os setores tradicionais da economia e da sociedade. Sua candidatura é um termômetro de moribundos, seu fascismo é de fachada, e o Prona parece ser um centro de fisiologia, como convém a um médico.

(19/03/1998)

É TUDO LADRÃO

Imagine uma pessoa que se acha vocacionada para a vida pública. Suas intenções são as melhores possíveis, e colocá-las em prática não parece descabido: ele(a) exerce certa liderança na profissão ou na comunidade, granjeou simpatias, sabe infundir confiança. Essa pessoa arde no desejo de servir o povo.

Depois de duas ou três tentativas, ele consegue uma legenda, e depois de duas ou três derrotas é eleito. Ainda bêbado de entusiasmo, ele se lança ao trabalho. Alista-se em comissões, apresenta projetos, organiza comitês, inscreve-se para falar, é sensível aos anseios da base. Tanto por fazer, mas o tempo é tão pouco!

Embora ele não esmoreça, seus esforços de novato se esvaem como se houvesse um muro de imobilismo — os caciques, as raposas, "os mesmos" — a obstaculizar as reformas inadiáveis. Tratado como calouro, ele começa a aprender com o inimigo, certas espertezas ele passa a ver como sagacidade, se não for assim você não faz nada.

Meios e fins, que no frescor da sua ambição se confundiam como se fossem uma coisa só, assim como se confundiam as suas aspirações pessoais e a causa do interesse público, começam agora a se apartar. De resto, os assuntos são mais complexos do que parecia, cada lobby tem sua dose de razão, nada é branco ou preto.

Não apenas meios e fins começam a se dissociar, mas os objetivos finais, outrora dominantes, passam a se subordinar à tática de curto prazo. A seu tempo a tática reinará absoluta, remetendo os fins para o arquivo das idéias feitas. A rotina, o combate fragmentário do dia-a-dia, as conveniências cegam e corrompem.

Nos momentos de depressão (Vargas, Quadros, Collor) é que o *entourage* mais íntimo mostra sua fibra, fechados com o chefe, estamos no mesmo barco desde 19.., sacanagem da imprensa, já enfrentamos paradas piores, vamos sair desta etc. O chefe-mártir se reanima, vamos mostrar pra esses caras. Mais uma crise é vencida.

Além disso, os adversários jogam duríssimo, a competição é impiedosa, a própria lei dos grandes números — base da democracia — atua contra. À medida que o nosso político supera vicissitudes e é catapultado a cada lance de tudo-ou-nada, seu programa precisa necessariamente tornar-se mais aguado, sua ação mais evasiva.

Para assegurar o prosseguimento da sua atividade, tão vital na consecução do que é possível fazer, ele precisa ser reeleito. Ora, eleição = dinheiro. E o eleitor, afinal de contas, é uma criança crescida. A "ideologia" do eleitor é uma espécie de radicalismo retrógrado, movido a fúria, desinformação e inconseqüência.

Nem todo político é assim. Há políticos piores e melhores, mas a "culpa" é da estrutura da política, mais do que um defeito de caráter inerente a todos eles. A arte de votar consiste em discernir uns dos outros, só que os gatunos ficaram ainda mais pardos depois que a política virou apenas um ramo da publicidade.

(27/08/1998)

GENTE QUE NÃO FAZ

A idéia de que o governante — o presidente da República, no nosso caso — dirige os rumos do país nesta ou naquela direção é uma das ilusões mais persistentes da mitologia política. Não há dúvida de que ele tem grande capacidade de projetar as aparências do poder, por sua vez multiplicadas pelos meios de comunicação.

Mas seu poder efetivo não vai muito além de alguns andares do palácio e de um grupo de 40 ou 50 pessoas. Fora desse ambiente restrito, o comando se dissipa pela imensidão da máquina, e vale pouco contra a influência — esta sim, determinante — de fatores impessoais cuja escala ultrapassa a duração de qualquer governo.

Que fatores seriam esses? São as pressões da economia internacional, são os desenvolvimentos intrínsecos da técnica e da cultura, é a própria acumulação de mentalidades coletivas, fatores sobre os quais a política tem, exceto nos períodos revolucionários (e ainda assim por pouco tempo), pouca ou nenhuma influência.

Enquanto finge que faz e acontece, todo governante procura equilibrar-se em meio ao entrechoque dessas forças subterrâneas, invisíveis a olho nu; em vez de governá-las, é governado por elas, e se dá por satisfeito se seus dois objetivos estratégicos são cumpridos: não cair e continuar dando a impressão de que comanda.

Não é de hoje que a "margem de manobra" dos governos é mínima, e só isso explica que tantos loucos, imbecis e corruptos tenham passado pelo poder supremo sem que nada grave (exceto o que é grave endemicamente) tenha acontecido. Candidato A ou B, governo X ou Y, a diferença é de grau e ritmo, não de direção.

Durante o governo Sarney (1985-1989), o Brasil resistiu, por força de inércia, ao surto de dinamismo tecnológico da economia internacional, até que os diques se romperam e as estruturas refratárias foram desmanteladas no período Collor-FHC (1989-1998), que para efeitos macroscópicos formam uma só gestão.

Abertura econômica para o exterior, derrubada das barreiras corporativas e das reservas de mercado — desregulamentação, numa palavra, foi a tônica do período. A crise que se agrava desde outubro do ano passado vem mostrando as limitações desse modelo, altamente vulnerável aos azares da loteria financeira internacional.

É inevitável que surja um movimento pendular, e que idéias fora de moda como reindustrialização, mercado interno, relativo fechamento da economia, país-continente etc. voltem à baila. A dúvida é saber se esse retorno irá além das reações epidérmicas, cada vez mais fracas, que se registraram ao longo desta década.

Governantes não podem dar-se ao luxo de ideologias. FHC não hesitará, se preciso, em aplicar o programa do adversário, nem será o primeiro a fazê-lo. Mas não se vêem, no horizonte internacional, forças estruturais que sustentem a volta do pêndulo, e o interesse de grupos sociais derrotados parece fraco demais para assegurá-la.

(17/09/1998)

PROCURA-SE UM ESTILO

Levado no embrulho da onda de impopularidade, a pior que o atual governo já enfrentou, até o estilo (ou falta dele) presidencial está sendo contestado. O que antes era visto como sofisticações de estadista letrado, realismo antidemagógico, tolerâncias de ex-perseguido político de repente virou fraqueza, indecisão, inépcia.

Os apologistas do presidente argumentam com variantes da famosa teoria do "processo", aquela segundo a qual o governo e a sociedade avançam de modo contínuo, por isso mesmo pouco perceptível no dia-a-dia, sem os falsos arranques dos "projetos de impacto" da ditadura e dos planos salvacionistas dos anos 80.

No atacado, seus críticos o acusam de ter sucumbido sem ressalvas ao surto de liberalização econômica que varre o planeta, facilitando a depredação do Estado e tornando ainda mais vulneráveis os grupos sociais mais fracos ou expostos. No varejo, ele está fazendo uma administração loteada e convencional.

Ao longo de sua transmigração ideológica, em compasso com o giro do mundo (clarividência ou oportunismo?), Fernando Henrique perdeu a aura de político diferente, mudou de alianças, trocou — sempre sem sobressaltos — a moeda da "convicção" pela da "responsabilidade"; só por isso amanheceu um belo dia presidente.

No figurino de ex-presidentes, qual o estilo ideal? A quem deveria imitar o mandatário com charme, mas fraco de estilo? Juscelino é sempre a escolha óbvia. Dinâmico, moderno, ele governou por cima do governo, administrando a autoconfiança que soube despertar, irresponsavelmente até, na mentalidade do país.

Mas esse Juscelino é uma construção *a posteriori*; o de carne e osso era um político tradicional, suspeito de tudo o que se costuma suspeitar nessa fauna. Seu estilo não serve para quem precisa de solução rápida. Opção drástica seria Geisel, hierarca da abertura e talvez o melhor presidente militar, personalidade opaca, mas forte.

Só que Geisel, tendo enfrentado paradas duras, jogava contra adversários enquadráveis; é fácil ser "gênio da raça", como Glauber disse de Golbery, com o AI-5 intacto em mãos. O estilo Jânio, do qual Collor pode ser considerado um prosseguidor, foi carbonizado pelos desmandos dessa dupla de artistas e também não serve.

Itamar tinha caprichos, Sarney tinha "liturgia", Castello tinha compostura, mas não propriamente estilo. Sobre todos esses presidentes, paira o grande estilo de Getúlio, que está para a política brasileira como Machado de Assis para a literatura, mestres da ambigüidade e das técnicas de criar resultados por omissão.

Ninguém almeja tanto, nem uma personalidade como Getúlio caberia no Brasil atual. A suposta falta de estilo do atual presidente, criticada por adversários e simpatizantes, estranhável em intelectual tão preparado, não deixa de ser sintoma remoto da crise do Estado, de seu descentramento decisório e da debilitação de seus símbolos.

(08/07/1999)

FALSA IDENTIDADE

Collor está de volta. Perto de cumprir a pena de ostracismo que lhe foi imposta pelo Senado, ele se proclama candidato na próxima eleição a prefeito de São Paulo, onde alega já ter fixado domicílio. Dois bons argumentos apóiam sua excêntrica pretensão: absolvido pela Justiça, pede agora que dêem ao povo a chance de julgá-lo.

Foi São Paulo, conforme os mapas eleitorais da época, que lhe deu a vitória; é por São Paulo, a mesma cidade que reabilitara Jânio Quadros em 85, que ele quer recomeçar. Poderia dar tempo ao tempo, poderia esperar e garantir-se senador por Alagoas, mas não: seu jogo é sempre o do tudo ou nada, triunfo ou fiasco.

É provável que o verdadeiro propósito seja apenas forçar nova "postergação" de seu direito ao julgamento pelo voto. Parece haver consenso no meio judiciário de que é isso o que manda a lei, permitindo-lhe acrescentar essa "injustiça" ao rol de infortúnios com que pretende dissolver a gigantesca rejeição a seu nome.

Em qualquer dos casos — arriscando tudo num lance de ousadia ou forçando os adversários a uma posição que os prejudica —, está de volta o ingrediente napoleônico que, em meio a tanta vulgaridade e pequenez, também compunha seu carisma. O que faz lembrar uma novela fascinante publicada há poucos anos.

Nesse livro (Simon Leys, *A morte de Napoleão*, Companhia das Letras), um grupo de conspiradores, burlando a vigilância dos ingleses, troca o exilado de Santa Helena por um sósia. Sob disfarce, Napoleão é posto num navio comercial que segue para Marselha, onde outro núcleo de simpatizantes deveria recebê-lo.

Uma razão prosaica leva a embarcação, no entanto, a mudar de destino, depositando o viajante incógnito no outro extremo da França. Napoleão se vê entre súditos que o amam, mas que não o reconhecem porque não lhes ocorre reconhecê-lo. Para piorar sua situação, logo uma notícia agita o mundo: o imperador morreu!

O plano dos bonapartistas não previa o falecimento do sósia, que arrastava consigo todas as suas esperanças. Eles se dispersam, mas Napoleão não desiste. Hospeda-se em Paris na casa de uma quitandeira, de onde lança uma campanha fulminante ao cabo da qual domina todo o mercado de melões da cidade. É pouco.

E a distância que o separa de objetivo agora tão longínquo aumenta conforme seus esforços se esvaem na crença universal de que Napoleão está morto. Não vamos contar o livro. A história de Simon Leys, pseudônimo do belga Pierre Ryckmans, é uma fantasia sobre a identidade da personagem mais marcante que já houve.

Collor foi herói e depois vilão de telenovela, desses que se revelam numa reviravolta do enredo, mas sua real identidade foi ter limpado o terreno para o programa de libertação de mercados que o presente governo terminou de implantar. Seu carma histórico parece cumprido; como o Napoleão de Simon Leys, ele não é mais quem é.

(04/11/1999)

CRÔNICA

"WHO IS WHO" DO CELULAR

Parece que o vice de FHC, Marco Maciel, adora um telefone celular. Pessoalmente tímido, avesso ao burburinho da campanha de ruas, ele foge a qualquer embaraço mergulhando, como um avestruz, no aparelho.

Agora que a metralhadora giratória das denúncias se voltou contra o seu proprietário, o celular de Maciel deve estar fazendo hora-extra. O que de tão premente terá a comunicar? Com quem cochichará? Com Roberto Marinho? Com correligionários? Com Itamar Franco? Jamais saberemos, ao menos enquanto não houver parabólica de celular.

Diziam que o celular faria mal para o cérebro, e no entanto essa teoria foi refutada por alguém que entende tanto de uma coisa como da outra, o físico Rogério de Cerqueira Leite. Mas que é devassável, isso é. O prefeito Maluf, por exemplo, só fala banalidades atrozes no aparelho. Verdade que ele também só fala banalidades atrozes fora do aparelho, mas seguro morreu de velho: por alguma razão tecnológica, o celular é vulnerável a escutas clandestinas.

Desde que haja o que escutar. Pois por alguma outra razão tecnológica, os celulares não funcionam. Talvez seja a mesma razão pela qual os computadores e as inofensivas secretárias eletrônicas tampouco funcionam. Sombras de silêncio empanam o que o interlocutor tenta nos dizer; copiadoras enlouquecem numa maçaroca de papel; PCs se dão ao luxo de idiossincrasias que só podemos qualificar como mau-humor. Há algo de demasiado humano na tecnologia.

Antes os objetos funcionavam na sua materialidade intrínseca — um capote, por exemplo, é um capote. Mas conforme a técnica melhora, tudo se torna falível. Talvez exista um motivo sócio-econômico: quantos empregos não foram gerados pela indústria do conserto de *gadgets* eletrônicos?

Claro que o celular é útil e, em algumas atividades, quase imprescindível. Umberto Eco escreveu um artigo sardônico sobre o assunto e sua primeira preocupação foi ressalvar esse aspecto. Mas será que o celular nos faz mais felizes? Neste ponto, tendo a concordar com a velha tese de que o progresso das ciências e das artes trouxe mais desvantagem do que vantagem.

Chegamos em casa e lamentamos não encontrar recados na secretária eletrônica. Mas se houver mensagens, reclamamos ainda, porque temos de responder, porque não são o que esperávamos. Mas o que esperávamos? Madonna? Antonio Candido? O Dalai Lama? Pouco importa que ele funcione mal, o celular nos dá a ilusão de uma cumplicidade urgente, de um calor semelhante à amizade de um cigarro quando viajamos sozinhos, à noite, por alguma estrada.

É como se não estivéssemos sós, mas estamos. Prefiro ver o celular de Maciel assim, como um radiotelescópio voltado para a escuridão, buscando inutilmente com quem falar. Talvez não haja ninguém na linha, talvez o telefone seja de madeira pintada.

(22/09/1994)

NO TEMPO DA DITADURA

Não sei se alguém ainda se lembra de Francelino Pereira. Numa reviravolta típica da política, ele acaba de ressurgir do vácuo para cair sentado numa cadeira de senador por Minas Gerais.

Pereira foi um dos bonecos de ventríloquo mais apagados do regime militar, e quem reclama, com razão, do tédio democrático, é porque não sabe ou não se recorda de como o tédio pode ser pior. Paradoxalmente, porém, ele criou duas frases destinadas a ficar, por sua força expressiva, na crônica. Alguém diria que o seu gênio político se exauriu na elaboração das duas pérolas.

"Que país é este?", filosofou um dia, e todos nós, privados até do direito de autogoverno, percebemos que a indagação calava fundo. O segundo achado foi chamar a Arena de "o maior partido do Ocidente". A exclusão era escrupulosa: referia-se aos partidos comunistas do Oriente, tão arena quanto a Arena, mas asiaticamente maiores.

Pois não é que o PSDB, quase 20 anos depois, está prestes a se tornar o "maior partido do Ocidente"? Há muito segundo turno pela frente, mas a votação depositada aos pés de FHC e o magnetismo da vitória refazem o espectro das adesões, velho conhecido. Nele só não têm lugar os muito derrotados e os muito idealistas, o que geralmente é a mesma coisa. Segundo as pesquisas, Francelino Pereira não se enquadra em nenhuma das categorias.

Disse que o PSDB se transforma no maior partido, mas o correto talvez fosse dizer que o maior partido vai encarnar, como um Drácula, no PSDB. Já foi Arena, PDS, PMDB, PRN-PFL e agora, por que não, será tucano.

Leigos, temos aliás uma visão superficial dos partidos. Imaginamos que eles representam sonhos, causas, programas. Tudo isso é verdade, mas tão-somente num nível muito exterior. Enquanto cultivam sua feição ideológica, aparente, os partidos vivem uma realidade mais prosaica: são agências de interesse, grupos de silencioso assalto ao poder, articulados por afinidade geográfica e geracional.

Mosca e Pareto, dois sociólogos italianos de má fama, teorizaram no começo do século sobre a circulação das elites. Sua idéia é osmótica: as paredes do poder absorvem a renovação; o equilíbrio do sistema é maior quanto mais contínua for a filtragem, de modo a evitar represamentos e prevenir inundações.

Lembro da minha surpresa quando fui ao Teatro Municipal no governo Montoro e tropecei, não com *socialites*, mas com socialistas de colete. Mais *parvenu* do que eles, era a primeira vez que eu ia ao Municipal e por isso mesmo o contraste não poderia ser maior, Mosca e Pareto em plena ação. Somos mestres na circulação de elites. Repousa aí nossa permeabilidade, nossa história pouco cruenta e a rigidez de pedra das nossas estruturas coloniais.

Numa concessão ao misticismo eleitoral, faço votos de que Francelino Pereira não tenha sido eleito em vão e justifique a volta com nova pérola capaz de iluminar o tédio democrático, ele a quem a inspiração visitou duas gloriosas vezes, no outro tédio.

(06/10/1994)

VIVA E DEIXE VIVER

Uma das primeiras coisas que se aprendem, na profissão de jornalista, é que a família real britânica é notícia. Trata-se de resquício que ficou, por hábito, de uma época em que a Inglaterra tinha relevo internacional.

Mas há muito tempo que a Inglaterra é um país "em vias de subdesenvolvimento", como dizia um filme do grupo Monty Python, e o noticiário sobre a Coroa no entanto continua crescendo. Com os escândalos em sucessão, parece que a coisa chegou a um paroxismo. No afã de extrair seus últimos dividendos, a imprensa está apressando a morte da galinha dos ovos de ouro.

Nas últimas décadas, conforme afundavam os vestígios do Império-onde-o-sol-nunca-se-põe, multidões de basbaques sonharam mais do que nunca com o conto de fadas transmitido pela TV e encenado ao vivo, com regularidade turística.

O espantoso na atual série de revelações não é, porém, o que elas possam conter de chocante ou medonho, mas justamente de prosaico. Ricardo III e Henrique VIII, para ficar em dois casos mais célebres, cometeram, parece, verdadeiras atrocidades. Mesmo o rei que abdicou em nosso século, a fim de se casar com uma americana divorciada, era um excêntrico, um romântico incurável. Não é o caso dos atuais personagens, estranhamente burgueses, nada heróicos nas suas fraquezas e escapadelas.

Andy Warhol decretou a conhecida frase sobre todo mundo ser famoso por 15 minutos; parece que o contrário também é democraticamente verdadeiro, de modo que aos famosos cabe em contrapartida igual lapso de vulgaridade.

Consulte, por exemplo, a lista de namorados atribuídos à Lady Di, como gosta de dizer a imprensa: um professor de equitação, um marchand, o dono de uma concessionária de automóveis... Pode haver seqüência menos principesca?

E não é puro melodrama o desabafo que se relata no fogo-cruzado das biografias, quando Sua Alteza chegou a declarar-se uma prostituta, chamando a si, como no mais barato dos folhetins, os dois extremos da auto-imagem feminina?

O sonho acabou para os basbaques, mas para os príncipes é a vida que começa! A mulher de Menem e a de Fujimori reivindicam o direito a dar escândalo, estão gravemente atacadas pela epidemia de narcisismo que assola o mundo. Diferente, talvez oposto é o caso inglês. O que eles reclamam é tomar sorvete na rua, dizer palavrões, cair, enfim, no mais comum dos anonimatos, experimentar as atribulações mais corriqueiras.

Sendo essencialmente hipócritas, a punição republicana que os britânicos reservaram a seus tiranos foi submetê-los, até a última geração, a esse circo de cavalinhos, aos caprichos da autoridade turística. Os príncipes ensaiam agora a sua Revolução Gloriosa. O janota Charles é prova viva de que o culto ao sangue nem sempre dá bons resultados, mas na nossa época politicamente correta os monarcas, especialmente quando idiotas, têm direitos: não divinos, mas simplesmente humanos.

Os Plantagenetas, ou coisa que o valha, já sofreram bastante. Na Grã-Bretanha, a república pelo menos libertaria os soberanos.

(20/10/1994)

EL CID

Publicada faz algum tempo nos jornais, uma determinada notícia não me sai da cabeça, como aquela idéia pendurada no trapézio mental do personagem de Machado de Assis. Não, não se trata da turbulência cambial, nem das dificuldades do governo para aprovar as reformas no Congresso. O que parece importante, na alienação do dia-a-dia, é quase sempre vão.

Alguém disse que o fato cultural mais importante no Brasil dos anos 60 foi o aparecimento do Hollywood com filtro. Pois andam noticiando que a Globo quer convidar o apresentador Cid Moreira a uma merecida aposentadoria.

Será que nossos netos algum dia verão a Globo sem Cid Moreira? Aquela fisionomia geodésica é um dado fixo na nossa memória, ele sempre esteve lá, como a cara de Washington nas notas de um dólar, como as cabeças da ilha da Páscoa, como a Esfinge. Sua substituição, se isso acontecesse, equivaleria a um terremoto com riscos, quem sabe, até para a ordem social. Não fosse o trocadilho, seria o caso de dizer que a história da TV brasileira passaria a se dividir em antes de Cid Moreira (ACM) e depois (DCM).

Feche os olhos e você o verá, de cabelo pastinha e em continência cívica, anunciando o fechamento do Congresso, ou comemorando, triunfal, a vitória do Tri, ou juntando sua voz ao coro de carpideiras que choram Tancredo ou Senna, tanto faz. Todas as falcatruas, todas as mentiras, todos os engodos disfarçáveis na forma de notícia chegaram até nós por meio dele. E não vai aí nenhuma crítica à pessoa, ao profissional Cid Moreira. Ele tem feito seu trabalho da melhor maneira possível.

Só um idiota agrediria a encantadora Regina Duarte no supermercado, imaginando punir a viúva Porcina. Da mesma forma, o homem Cid Moreira não deve ser confundido com seu personagem, aquele sujeito que toda noite finge apresentar o Jornal Nacional.

Mais do que personagem, afinal efêmero, ele é um totem. No seu rosto, talhado em basalto, estão esculpidas as três raças da nossa identidade nacional. Embora as feições sejam categoricamente brancas, a tonalidade da pele parece escura (ou será a antena?) e há rastros indígenas no nariz, nos lábios.

Três ou quatro moedas atrás — acho que foi no tempo do cruzado novo —, imprimiram uma nota em que havia a evolução de cinco perfis, como aquelas escalas que levam ao *Homo sapiens*, progredindo rumo ao que seria o *Homo brasiliensis*. Passou despercebido na época, mas a efígie final era a dele, Cid Moreira. Dá para suspeitar de alguma trama quando constatamos que o outro apresentador, Sérgio Chapelin, é sósia do ícone, talvez um clone obtido em laboratório.

Daí a crendice popular, já refutada pelas revistas especializadas, de que Sérgio, melodramático, seria filho de Cid. De toda forma, é seu herdeiro legítimo. Quando os dois desaparecerem, toquem as trombetas, salve-se quem puder, será o Juízo Final. Mas não creio. O que vemos é uma holografia, pois Cid Moreira se aposentou, como sabe qualquer jornalista bem-informado, no final do governo Geisel. E quando ele sumir, caso isso ocorra algum dia, será ainda ele, sempre ele, debaixo de uma plástica encomendada pelo Ibope.

(06/04/1995)

A VINGANÇA DOS NERDS

Um filme lamentável, desses que depois viram uma série de filmes ainda piores, consagrou há poucos anos a gíria americana *nerd* para designar o adolescente desajustado. Não o desajustado de Marlon Brando ou James Dean, mas o seu contrário: o cdf, o franzino, o epileptóide.

Desprovidos de vitalidade (esse o seu crime), escorraçados das festinhas e das quadras, os nerds se trancaram em seus quartos. Cada um se julgava a aberração da natureza, embora eles formassem, na verdade, uma multidão de feiosos, desajeitadas vítimas da cruel adolescência.

E foi assim, por falta de alternativa, sempre propensos a qualquer onanismo tecnológico, substitutivo, que os nerds se tornaram ases da informática. Bill Gates foi seu profeta. Ele anunciou ao povo nerd, expulso do mundo criatural, que uma terra prometida os esperava do lado de lá da realidade.

Visite qualquer banco pós-moderno, desses que realizam as maiores taxas de lucro desde que os fenícios inventaram os juros. Quem ocupa o centro das virtualidades, vestidos de mórmon e grudados à tela dos videogames? Sim, é possível falar numa vingança dos nerds.

Neste esboço introdutório a uma sociologia nerd, ainda por ser escrita, vale mencionar que sempre existiram adolescentes cujo desajuste se volta, do ângulo psicológico, para "dentro" e não para "fora". São a base imensa de um *iceberg* do qual só vemos a ponta da delinqüência juvenil.

Em sentido figurado, os míopes, os gorduchos, os ruivos e os inibidos são nerds, assim como a quase totalidade dos enxadristas. Nada mais nerd do que menstruar cedo ou tarde demais, como Carrie, a protagonista da história de Stephen King que virou filme de Brian De Palma. A mania de coleções é nerd. A matemática também.

As estimativas mais confiáveis fixam a taxa histórica de nerds, entretanto, em patamar não superior a 10% da população. Como é possível que na nossa época eles cheguem a parecer maioria, com papel destacado na mídia, na política e até no esporte?

Por um lado, os nerds "saíram do armário", encorajados por uma cultura que não mais exige e até condena quem pareça normal. A moda, sempre parâmetro do que é aceitável, tornou-se um desfile de tediosas esquisitices e transgressões que anulam umas às outras.

Mas essa mesma cultura estabelece um ideal de tal maneira imperioso, em termos de desempenho e aparência individuais, que ele tritura o narcisismo liberado em cada um de nós. Todo mundo passa a ser nerd; as mulheres se acham obesas ou disformes, os homens imprestáveis.

Somos péssimos pais e filhos, péssimos cônjuges, péssimos amigos. Quanto mais possibilidades de realização nos forem dadas pela propaganda, pela TV, pelo shopping center, tanto piores seremos. Tudo o que é mais significa, nesse sentido, menos.

Comentada do ponto de vista objetivo, na semana passada, a Internet representa também uma síntese subjetiva. Só ela concilia vetores tão antagônicos, só ela reúne exibicionismo e anonimato, solidão e companhia, Narciso e Tânatos: só ela é sexo de fato seguro, nerd.

(11/05/1995)

IMORALIDADES

É difícil ouvir falar em moral e ética sem reprimir uma espécie de sorriso interior. Não que o mundo não precise de mais moral e ética, provavelmente precisa. Mas toda vez que vemos alguém esbravejar em nome desta ou daquela moralidade, recriminando os outros, uma voz no fundo da consciência nos avisa: "Farsante!".

Tropeçamos diariamente com tamanhas atrocidades que, tivéssemos alguma propensão para a ética, teríamos de mudar imediatamente de vida: largar família, trabalho e conforto para abraçar uma causa, ou então dar um tiro na cabeça. Mas estamos de tal forma defendidos, pelo hábito, de quase todo horror em volta, que nada fazemos.

Tudo o que fazemos, aliás, é motivado pelo cálculo do nosso interesse, mesmo quando não o sabemos, até mesmo ao decidirmos não violar preceitos morais. O manancial inesgotável da imoralidade não está no crime nem no sexo, mas nas omissões que esvaziam nossa vida, na hipocrisia pela qual merecemos o epíteto do Evangelho, "raça de víboras".

Nem mesmo o costume de associar ética e simplicidade de espírito é confiável. Embora exista uma moralidade comunitária, ingênua, ela não resiste à crítica, revelando-se quase sempre inercial, preconceituosa e tola. Todo problema moral é insolúvel fora do âmbito subjetivo e por ato de uma decisão: isto é errado porque é.

Daí um dos paradoxos nesse assunto cheio deles, a saber, que a moral depende tanto do comportamento objetivo quanto do grau de exigência subjetiva, de modo que um relapso, por exemplo, é menos culpado que um perfeccionista.

O mais moral dos homens ao mesmo tempo teria de se julgar — o que em termos morais equivale a ser — o mais imoral de todos.

Mario Amato, portanto, estava certo, apesar dos desmentidos e rodeios em que se perdeu a seguir, quando declarou que todos somos imorais, ou algo do gênero. Embora escandalizasse, ele não inovava; simplesmente repetia o que cada profeta, cada filósofo, cada santo sempre disse. Só que nós não fomos feitos para essa moral de super-homens.

Ao lado do primeiro profeta estava o primeiro homem prático, o primeiro político, advogado das vantagens de uma moral transigente, uma leve pressão contínua, fluida, em vez daqueles extremos de ascese e culpa. Weber chamou essa moral utilitária de ética da responsabilidade, oposta à ética da convicção, que seria a dos santos e profetas.

A diferença entre as duas está na posição dos meios e dos fins, que na ética da convicção se mostram indistinguíveis, como uma coisa só, enquanto que na ética da responsabilidade não só aparecem separados e em estado de tensão, como devem, meios e fins, manter relações proporcionais entre si.

De tempos em tempos, um movimento qualquer de fanáticos tenta impor a ética da convicção à política e à sociedade, mas o entusiasmo dura pouco: tão logo triunfam, eles se vêem obrigados, sob pena de cair, a praticar a mais reles ética da responsabilidade, que fatalmente degenera em algo de muito pouco ético e bastante irresponsável.

Desde que arranquem as pessoas do sonambulismo em que vivem, os fanáticos podem estar certos de contar com o maior apoio. Estamos sempre dispostos a exigir ética da convicção na casa do vizinho, adoramos eleger profetas e derrubá-los porque eram doidos, enquanto continuamos a agir, na vida particular, como verdadeiros deputados.

(12/10/1995)

AMORDAÇADOS POR ALGEMAS

A idéia de um réu que seja mudo tem algo de pesadelo kafkiano. No entanto, todo réu se sente não apenas mudo como também surdo, ao transferir sua voz para terceiros, seus advogados, enquanto tenta ouvir, aturdido, o jargão incompreensível dos tribunais. Joseph K., de O *processo*, réu por excelência, não entende nem se faz entender.

Mas não se trata tanto de Kafka quanto de Dostoiévski, com pitadas de Agatha Christie, quando seis surdos-mudos vão a júri acusados de esganar e depois esfaquear uma mulher, em conluio com a filha da vítima, suposta rival da mãe na disputa pelo amor do líder dos deficientes. Foi o que ocorreu segunda-feira na laboriosa comarca de Mogi das Cruzes, perto de São Paulo.

O júri americano decide por unanimidade. Em nosso sistema, muito mais perfeito, basta a maioria simples; a decisão tem assim um caráter realmente aleatório, lotérico, como uma roleta. Um dos sete jurados, investidos do sentimento vingador da coletividade e em geral ignorantes do que está dentro ou fora dos autos, pode desempatar.

A incerteza de qualquer sentença, que inspirou um dito escatológico corrente entre advogados, aumenta nesses casos, como o de Mogi, em que a arma do crime não foi encontrada, ninguém viu o assassinato, mãe e filha da vítima depuseram em favor dos réus. Não existem provas, mas indícios, frágeis ou clamorosos conforme o ângulo que se adote.

Durante o julgamento, a convicção martelada por uma das partes, justamente quando estava a ponto de se firmar, era desfeita pelas dúvidas e objeções levantadas pela parte oposta, e assim sucessivas vezes, de modo que pareceria igualmente justo, além de mais econômico para os cofres públicos, deliberar num lance de cara ou coroa.

Com uma franqueza que não teve eco nos jurados, a própria defesa admitia a impossibilidade de comprovar a inocência dos réus. Vendo-se o julgamento de fora, parecia possível, até mesmo provável, que fossem culpados. Mas era este o ponto dos advogados e o problema do júri: compete à acusação o ônus da prova; na dúvida, pelo réu.

Sócrates e Jesus, que se convencionou serem as duas maiores vítimas do erro judiciário, embora tenham falado em seus respectivos julgamentos, recusaram-se a se defender: juridicamente, ficaram mudos. Por ironia, era a imagem de um deles que dominava a sala do tribunal de Mogi, afixada numa cruz de gosto horrível, se ainda é lícito dizê-lo sem insultar a religião.

Naquele ambiente de repartição, tão brasileiro, tão banal, todo feito de fórmica e paviflex, de cafezinhos requentados e funcionárias exaustas, somente essa imagem do Cristo dava o tom expiatório, sacrificial, à tragicomédia levada no palco. Conforme a noite avançava, a platéia foi se enchendo de pessoas que trocavam sinais furtivos entre si, como uma seita de conspiradores, talvez homicidas.

Mas eram apenas amigos, também surdos-mudos, dos réus; pareciam receosos de serem levados a qualquer momento, como K., para a cadeira dos acusados. Depois da meia-noite, foi dado o veredicto, por seis a um: pena de 13 anos e quatro meses. Já tendo cumprido mais de um terço dela, os sentenciados devem ser soltos em breve.

Os réus guinchavam agradecimentos, abraçados a José Carlos Dias e seus colegas da defesa; o juiz lembrou que julgar é tarefa divina que só recai sobre os homens como fardo terrível; os jurados riam à solta, felizes com a bacalhoada que lhes havia sido servida a fim de que nem as angústias da carne perturbassem a leveza dos espíritos.

(19/10/1995)

De Ponta-Cabeça

UMA NOITE EM BLUMENAU

Vale do Itajaí, julho de 88. O visitante alemão-oriental, ilustre por ser, afinal de contas, alemão, estava preocupado. Com previsível pompa interiorana, o jantar estava marcado para as 7; já passava das 9. Enquanto tocavam a campainha, os brasileiros que o acompanhavam propuseram, de brincadeira: "Jogue a culpa em nós". A porta abriu e ele não teve dúvida: "A culpa é deles".

Heiner Müller, o visitante alemão, gostava de dizer que, tendo passado a infância sob o nazismo e o restante da vida sob o comunismo, se acostumara a ser covarde. Onde o mandassem ficar, ficava, e nunca se importava com as filas brasileiras porque era como se tivesse passado a vida inteira em pé, numa fila.

Difícil dizer quando ele falava a sério e quando era piada, essa era uma distinção aristotélica que ele havia particularmente superado. As duas coisas estavam totalmente fundidas na sua personalidade, na sua atitude sério-irônica. Se alguém quisesse encontrar alguma verdade, não deveria buscá-la nesta frase ou naquele gesto, mas no conjunto da obra.

Só que a obra era igualmente indecifrável. Difíceis e obscuras, às vezes insuportáveis, suas peças parecem escritas numa linguagem de subentendidos empilhados uns sobre os outros, de alusões fortuitas, de sentidos fugazes. Era como se ele tivesse destruído a clareza clássica de Brecht, de quem foi discípulo, para mostrar o que havia de sórdido e caótico nos escombros.

Por isso, ao interpretar seu teatro (melhor seria dizer, talvez, sua poesia), estamos fadados a generalidades que dizem muito pouco. Seu tema era a incomunicabilidade. Mas é isso o que nos limitamos a dizer diante da opacidade de qualquer obra moderna, de sua incapacidade para se mostrar plenamente, de sua vergonha. O que ele escreveu permanece um desafio para a crítica.

Essa indeterminação, estratégia principal de toda a arte moderna, beneficiou também o trabalho de Müller, saudado como o maior teatrólogo alemão ao morrer no penúltimo dia do ano passado. Sua obra pode ser livremente lida como uma crítica devastadora do socialismo, da sociedade de mercado, das formas de poder em geral, do próprio homem.

Mas havia um ponto fixo. Sob o corpo atarracado de operário, o rosto marmóreo e os olhos anuviados de uísque e tabaco, Heiner Müller era obsessivamente alemão. Ao vê-lo confraternizar com a oligarquia de Blumenau (ele, o escritor "comunista"!), em meio ao vozerio que dava por um momento a alucinação de que estávamos num submarino em plena Segunda Guerra, era impossível não pensar na "unidade do povo alemão".

Pouco depois, para felicidade de Müller e dos blumenauenses, para desassossego dos demais povos, a Alemanha se reunificou. O que o encantou em Blumenau foi a possibilidade de testemunhar um passado sem mácula; Santa Catarina era para ele uma Alemanha sem Auschwitz. De uma perspectiva alemã, a obscuridade de sua obra reflete o horror diante do sentido demasiado unívoco do nazismo.

Há um sadomasoquismo tipicamente alemão, uma culpa e um orgulho que se alimentam reciprocamente. Por mimetismo, os alemães se apropriaram do que eles mesmos consideravam, no passado, como sendo o espírito judaico. A obra de Heiner Müller é um depoimento sobre o inconfessável; é desse cerne que ela irradia seu silêncio, sua solenidade, até seu senso de humor.

(11/01/1996)

ASTÚCIA DA ARANHA

Na tentativa hoje infrutífera de definir o que é a arte, Schopenhauer começou por excluir as imagens que despertam apetite ou repugnância. Falta-lhes, segundo o grande filósofo, o elemento de "desinteresse" que permitiria à arte transpor os limites acanhados do cotidiano rumo a algum tipo de transcendência.

Formas que suscitem a lascívia, a glutoneria ou o asco, em vez de superar a escuridão em que estamos mergulhados, só fazem aumentá-la ao acentuarem o que nos prende às contingências da vida, das quais somos escravos, quando o que se espera é que a arte nos emancipe, temporariamente que seja, delas.

Distinções menos sutis já foram atropeladas pela arte moderna, de modo que é sem nenhum problema que a *Aranha* de Louise Bourgeois — uma reprodução metálica do artrópode tal como ele figuraria num filme de Steven Spielberg — está entronizada na versão 1996 da Bienal de São Paulo e se tornou sua marca.

Capitalistas locais disputaram selvagemente a obra-prima. Temerosas de serem passadas para trás em qualquer assunto tentacular, as Organizações Globo entraram no leilão, que perderam, no entanto, para um banco paulista, em cujos jardins o monstro será exibido como uma espécie de advertência aos incautos.

Num dos seus acessos de literalidade, o patriarca do Bradesco, Amador Aguiar, mandou certa vez instalar a estátua de um asno na sede; doravante, explicou aos empregados atônitos, seria aquele o símbolo do banco. Tanto melhor se comentassem que era o próprio patrão na efígie: o burro expressava trabalho, perseverança.

Eram tempos mais amenos. Quase todo mundo sofre de aracnofobia em algum grau, mas o vago terror que a aranha transmite não emana tanto do que ela possa ter de animal, mas já de mecânico; não da sua penugem viscosa e primitiva, mas antes da nervosidade abrupta, quase eletrônica das suas investidas.

Qualquer ser humano normal foge de um banco como a mariposa evita esses predadores noturnos com olhos de robô. Contrair um empréstimo é grudar numa rede de fios invisíveis, debater-se é a senha para a cobrança implacável — se a vítima tiver sorte, fulminante. É fácil entrar num banco, sair é que são elas.

Estuprada por um parente adulto na infância, Louise Bourgeois tinha intenções totalmente outras quando concebeu o bicho. No repertório da escultora francesa, a aranha é a mãe, a força uterina da mulher, seus poderes de retaliação inesperada contra o mundo solar dos homens, já que Lorena Bobbitt ataca à noite.

Cruzando os trópicos, a peça trocou de sinal na alfândega da ideologia: dinheiro em vez de direitos, poder em vez de revolta, homens em vez de mulheres, o pânico reiterado e não vencido. A aranha mostra a ingenuidade do burrico e explica por que faliram os bancos simbolizados por um pobre guarda-chuva.

(05/12/1996)

PERTO DAS ESTRELAS

Num show antigo, Chico Anysio contava a saga do primeiro astronauta brasileiro; ele levaria, colada ao painel de instrumentos, a foto dos filhos com os dizeres: "Papai, não corra". Com ou sem foto, as autoridades locais estão escolhendo agora, entre cinco finalistas, o primeiro brasileiro a ser enviado ao espaço exterior.

O eleito deverá participar de uma missão norte-americana, não sem antes passar cerca de três anos sob treinamento especializado. Isso se não houver os adiamentos que já houve. Em meados da década de 80, os militares e os centros de pesquisa aeroespacial fizeram seleção semelhante, chegando também a cinco finalistas.

Tancredo Neves tinha sido escolhido presidente, aconteceu o rompimento de sabe-se lá que acordo bilateral, o projeto foi adiado. Pelo menos um dos candidatos, que conheci bem, era talhado para o desafio. Não só na parte técnica — fora excelente aluno de matemática, tinha todos os cursos e brevês, praticava mergulho etc.

Também o lado político parecia favorecê-lo. Era civil, mas formado por escola militar; paulista, descendente de imigrantes, mas casado com uma cearense, física e engenheira como ele. Os dois exalavam uma aura de jovialidade esportiva e de leve ironia científica, própria dos físicos. Tinham um casal de filhos adoráveis.

O que pouca gente sabia — e talvez não tenha vindo à tona nem sequer durante os testes preliminares — é que ele estava determinado a ser astronauta desde os 8 ou 9 anos de idade. Essa é a opção vocacional da maioria dos homens nessa faixa, que eles têm o bom senso ou o conformismo de reconsiderar pouco depois. Não ele.

Caso extraordinário de força de vontade, toda a sua vida posterior veio sendo moldada com vistas àquele único propósito, numa paixão silenciosa que não tinha nada do alvoroço das fixações; parecia a certeza de um destino, uma missão. De franzino converteu-se em atlético, e passou a adolescência inteira estudando.

Difícil dizer se essa concentração num objetivo tão longínquo, além de imponderável, ajudava ou atrapalhava suas inegáveis credenciais, ou mesmo se havia ali um grão de sagrado ou de louco. Felizmente, não testemunhei *a débâcle*, quando o programa foi adiado. Ele abandonou tudo, divorciou-se e mudou para o interior.

Tempos depois chega uma carta, dentro dela vários salmos copiados à mão e os restos do brevê de piloto, picotado. Ele tivera uma iluminação, convertera-se à Renovação Carismática e agora se desfazia das coisas terrenas. Como seu colega de astronáutica infantil, era eu o destinatário daquela relíquia, sua verdadeira cédula de identidade.

Havia lógica, ele continuava determinado a se aproximar, de alguma forma, das estrelas, mas qual a moral da história? Um grande sonho vale uma vida? Não convém, pelo contrário, planejar com tanta antecedência? Você decide. Em tempo: ele está bem, casou de novo e só faz aquilo de que sempre gostou: voar.

(18/06/1998)

"GLOBALIZAÇÃO"

A LEI DE PARKINSON

Quando dizemos que na nossa época as ideologias desapareceram, esquecemos que as técnicas de eficiência empresarial estão ocupando o lugar vazio. Como Estado, Sindicato, Partido e Igreja estão desacreditados, a Empresa passa a ser a medida das coisas humanas. Todos queremos sucesso, desempenho, velocidade; tudo passa a ser uma questão de ganha ou perde. O próprio corpo das pessoas é submetido a uma "reengenharia" de dietas e exercícios para ganhar competitividade no mercado afetivo.

A pessoa vira empresa e a empresa se "pessoaliza" em células autônomas, em negócios estanques que se derem prejuízo morrem, sem sugar o conjunto. É o sonho de Thatcher: distribuir apólices e úlceras, fazer de cada um o seu próprio empresário. Corte de níveis hierárquicos, repressão das atividades-meio, técnicas de motivação, busca da qualidade total, ênfase em marketing e serviços, parcerias, terceirização — há uma base comum em toda essa retórica. Trata-se de injetar o mercado dentro da própria empresa.

Assim como os demais muros, também os da empresa devem cair. Tudo o que é sólido se liquidifica pois todos têm de competir livremente contra todos. Cada um é posto em confronto mortal com seu semelhante, no andar debaixo ou em Cingapura. Claro que as coisas são assim desde que o mundo é mundo. A diferença é que o confronto deixou de ser subterrâneo, eclesiástico, de depender de intrigas laboriosas ou de longas esperas pela aposentadoria do chefe. É objetivo, fulminante.

Em 1957, o inglês Parkinson formulou suas famosas leis. Numa prosa que mistura metafísica da administração com humorismo para homens de negócios (uma de suas proposições era: "Quem é capaz de gastar mais, a mulher ou o Estado?"), ele fez diagnósticos que valem até hoje. Todo chefe tende a aumentar o número de subordinados sem que esse aumento tenha relação com o trabalho a ser feito. O tempo de uma reunião é inversamente proporcional ao montante de recursos envolvido na decisão a ser tomada.

As leis de Murphy descendem de Parkinson. Nos anos 70, Peter anunciou o princípio que leva seu nome: todo mundo atinge o ápice de competência no grau imediatamente abaixo ao da última promoção em sua carreira, de modo que as organizações estão fadadas a decair. Hitler, por exemplo, bem-sucedido até chegar ao cargo de ditador sanguinário, teria alcançado seu estágio de incompetência no patamar seguinte, quando promovido a conquistador do planeta.

Toda essa literatura era satírica. Mas a reengenharia, como braço armado, por assim dizer, da mentalidade politicamente correta, é séria. No fundo, ela atualiza o desafio que a religião protestante vem propondo ao mundo.

Queremos abrir mão de uma felicidade "menor" em troca de uma "maior"? Do imediato em troca do mediato? Do cafezinho, da cordialidade, do direito a fracassar, da nossa própria paz interior em nome da eficiência geral do mundo?

(30/03/1995)

SUB

Por que o líder da insurreição camponesa no México se chama subcomandante Marcos, por que a ressalva, redutora e gongórica, da partícula "sub"? Ninguém sabe ao certo quem ele é, chegam a dizer que há vários subs.

Um deles, talvez ele próprio, escreveu numa proclamação recente: "Para que nos vissem, cobrimos nossos rostos; para que nos dessem um nome, negamos nosso nome". Seu ancestral, sem mencionar Zapata e o próprio Zorro, é o comandante Zero. Zero era um igualmente enigmático líder sandinista que ajudou a derrubar Somoza, em 79, na Nicarágua. Ao lado dos vietcongs, fez parte da última geração de guerrilheiros influenciada, através dos autores marxistas, pelo racionalismo europeu.

Depois deles, os profetas da insurreição já não se consideram intérpretes da "ciência" de Marx, Lênin ou Mao, mas porta-vozes de Maomé ou dos astecas, quando não, sem falsa modéstia, de Deus mesmo. Seu ponto de miragem, aliás, mudou do futuro para o passado.

Em face da expansão avassaladora da economia de mercado, as forças resistentes são compelidas a uma atitude meramente defensiva. A doutrina revolucionária desmanchou em mil pedaços e os fragmentos passam a ser reutilizados em segunda mão, à direita e à esquerda, na verdade a esmo. Ora predomina o aspecto religioso, como no Islã, ora o aspecto militar, como na América Latina, ou o étnico, como nos EUA, mas em geral a contestação incorpora elementos tradicionais: sentimento nacional, valores familiares, sexualidade restrita.

É como se depois de uma era de ampliação visionária, futurista, como foi a era soviética, sobreviesse uma era "revisionária", quando tudo se dobra sobre seu próprio passado. Esse é o degrau entre Zero e Sub, conforme sugere a biografia do subcomandante Marcos.

Estudante de filosofia nos anos 70, o homem hoje apontado como Marcos escreveu uma tese sobre o marxista francês Althusser. O texto se redige sozinho, os clichês pendurados um no outro, naquela prosa mecânica em que "as crises são uma concentração das contradições capitalistas" etc.

Vinte anos depois, esse misterioso personagem, de quem só conhecemos de fato o estilo, mudou. Seus comunicados recentes são vivos, extravagantes, sentimentais. O tom geral é de um esquerdismo barroco, mas ele usa a Internet e fala em ecologia. Já o andamento passou a ser bíblico. Diz ele: "E falamos e lhes dissemos o que queríamos e não entendiam muito, e lhes repetíamos que queríamos democracia, liberdade e justiça (...) e eles revisavam suas anotações de neoliberalismo e não encontravam essas palavras".

Na subideologia (ou subliteratura) do subcomandante Marcos há matéria para todos os gostos, de Guevara a Rambo. Ele é pop, justamente ele que detesta os EUA e chama os americanos, com poesia meio indígena, meio oriental, de "império das estrelas opacas". De Clinton a Marcos, passando por FHC, todos são vítimas da falta de paradigma, de ortodoxia. Os governantes do Irã cortaram o mal pela raiz: arrancaram as antenas parabólicas. É ver por quanto tempo continuarão arrancando, em vez de serem arrancados.

(27/04/1995)

METALEPSE

As figuras de linguagem são atalhos para se chegar logo ao sentido. Ao comparar a amada com a lua ou dizer que ela é uma flor, como vimos no Dia dos Namorados, o pensamento se transporta imediatamente, sem demoras explicativas. Tropo, sinônimo de figura de linguagem, em grego quer dizer desvio.

A linguagem não apenas está cheia de figuras vivas como é formada a partir de figuras que morreram. Como mostra o próprio termo "tropo", cada palavra é a ruína de uma imagem esquecida no passado. A razão é que não é possível pensar a não ser por imagens.

Dizem que a alegoria é a imagem clássica por excelência, assim como a metáfora é o tropo do romantismo. Com tudo o que há de arbitrário e discutível nessas definições, bem que a metalepse poderia ser testada como a imagem característica da nossa época.

Menos conhecida que suas primas famosas, metáfora e metonímia, a metalepse é uma figura que anula o tempo. Ela inverte o antes e o depois. Dizer que as crianças são os cidadãos de amanhã é metalepse. "Os mortos governam os vivos", uma fórmula de Comte, também.

Em matéria de política e economia, nossa atitude não poderia ser mais metaléptica. Numa onda fortemente regressiva, o futuro passa a estar na economia de mercado. O socialismo leva ao capitalismo, a globalização gera xenofobia e a informática aumenta a exclusão.

No plano cultural predomina a paródia, a "releitura", a citação. Desde a instalação pós-moderna até o desenho animado *Cavaleiros do Zodíaco*, estamos triturando as imagens do passado, anulando as distâncias de tempo entre elas para reunificá-las numa simultaneidade ideal, a do presente.

Mas é na moda que aparecem, como sempre, as evidências mais gritantes. A sensação é a de um ímã que pudesse atrair, aleatoriamente, peças do guarda-roupas de todas as eras. Rendados, suásticas, cruzes, matrizes de diversas origens são recombinados à exaustão, porque só restou originalidade no que é bizarro.

São todos sintomas de decadência. Em termos de história das culturas, a idéia de decadência, porém, não implica conotações morais ou materiais. Ela reflete tão-somente uma demasia de experiências disponíveis e a conseqüente crise de originalidade.

O que assinala a decadência é o relativismo dos valores, o ecletismo do gosto e o internacionalismo das vivências, três emblemas tão presentes que já não damos um passo sem esbarrar neles. A metalepse, na sua volúpia de anular o tempo, é tanto efeito da decadência quanto tentativa, frustrada, de curá-la.

Mas nem tudo é pessimismo. É nos períodos de decadência que as ilusões são deslocadas, os mitos desmancham e prevalece um apego saudável ao que é concreto. Só aprendemos na decadência, e a vida, do ponto de vista individual, vale muito mais a pena nela do que em qualquer outro tempo.

(15/06/1995)

FIM DA HISTÓRIA

Está fazendo seis anos que o americano Francis Fukuyama publicou seu arquifamoso artigo sobre o fim da história. Entre os menos lidos dos mais mencionados, esse artigo identificava no colapso soviético o fracasso da própria idéia de engenharia social. Que tal, então, se a economia de mercado for o limite mais alto e intransponível?

O artigo virou um estigma e o autor uma celebridade, da noite para o dia. Muito curto e escrito em linguagem quase leiga, "O fim da história?" (publicado em livro, no Brasil, pela Rocco, 1992) teve difusão fulminante. Nos meios progressistas, como era de esperar, foi acolhido com indignação e escárnio. Editores recusavam-se a publicá-lo, porque não passava de picaretagem.

O autor colocava Marx de cabeça para baixo, desfazendo o que este fizera com Hegel, filósofo do idealismo alemão. Fukuyama emergia da proeza como paladino de um neo-idealismo para o qual a economia era uma superestrutura determinada por sua base, a saber, os estados de consciência, as idéias.

Tudo parecia ainda mais suspeito à luz das origens do ensaísta. Trabalhava para o Departamento de Estado e para o instituto de pesquisas da Força Aérea dos EUA. Graduado em ciência política e letras, não poderia discutir as complicações de Hegel, como o próprio texto, aliás, concedia. Além disso, não tinha sentido que um descendente de japoneses fizesse descobertas numa área tão pouco técnica.

Fukuyama foi apontado (e deixou-se usar, evidentemente) como garoto-propaganda da nova ordem mundial, da *pax americana*, do neoliberalismo, da globalização, do fim das ideologias etc. Não houve moda ou mania à qual seu nome não aparecesse ligado. Ele surgia nas fotos com um sorriso de vitória na cara de estudante coreano; era o Bill Gates das ciências humanas.

Tudo isso apenas para comentar como é estranho ler (ou reler) o artigo agora, depois de soterrado pela avalanche de citações, provas e contraprovas. O texto apareceu em 89 numa revista americana ligada ao *establishment* diplomático e militar, três meses antes da queda do Muro.

Ao contrário da imagem que ficou, em nenhum momento Fukuyama diz que estão extintos os conflitos e as mudanças sociais. Com o "fim da história" continuaria a haver crises, eventualmente guerras, e ele não deixa de apontar o Islã e os neonacionalismos como obstáculos à vitória final da Idéia.

O seu ponto é que essa Idéia mitológica ganhou forma material pela primeira vez no Atlântico Norte, que assim escapou ao terreno da história no sentido de que não tem mais etapas a cumprir, ingressando no tédio, como o autor faz questão de enfatizar, de um aperfeiçoamento constante.

Nós, do antigo Terceiro Mundo, continuaremos a chafurdar nas misérias da história e nas trevas da crença até que se imponha o fato de que a economia de mercado, levada à sua última extensão e consequência, é a destinação ineluctável de toda a humanidade, reconciliada enfim com a natureza e livre da ilusão de poder remoldá-la.

Leviano e temerário, incapaz de disfarçar uma intenção propagandística estranhamente combinada com excesso de imaginação, o artigo de Fukuyama pelo menos ainda está na história; é tão anos 90 quanto o milk-shake foi anos 50, mas a sombra de suas profecias só tem crescido sobre as gerações.

(14/09/1995)

5.300 ANOS

O homem do Tirol é o mais antigo ser humano encontrado intacto. Morto nos Alpes há 5.300 anos, seu corpo se conservou em gelo até ser descoberto por acaso em 1991. Como o presente se projeta sempre sobre o passado, enquanto é empurrado de costas para o futuro, uma vez livre do gelo o homem do Tirol foi soterrado pelas nossas fantasias retrospectivas.

Mulheres de todo o mundo manifestaram o desejo de serem fertilizadas pelo antepassado, mas ele era gay, logo se revelou. Seu colesterol aliás era alto e ele terá sido o primeiro refugiado político: as roupas sugerem que vivia num lugar de clima quente. Levava cogumelos que talvez fossem usados como antibióticos ou alucinógenos.

Ainda agora, para evidenciar a atualidade do homem do Tirol ou o arcaísmo da classe operária, divulgou-se que a múmia era um metalúrgico, o primeiro da profissão, que desponta assim como a segunda mais antiga do mundo. O homem do Tirol estava a um passo de virar agricultor, estabelecer um povoado, sair da pré-história.

A metalurgia se confunde, nesse contexto mitológico, com a própria história, que começa e termina com ela. Antes, fomos escravos dos instintos e das intempéries, junto com os animais; depois, seremos escravos das máquinas e de uma ordem social perfeitamente regulada, como uma natureza artificial.

Entre um momento e o outro houve o reino da liberdade, quando cada um lutava por seus próprios meios para viver e procriar, enfrentando obstáculos poderosos, mas comensuráveis — liberdade essa que começamos a perder com a revolução industrial e que se extingue agora com a informática, porque então a sociedade inteira se transforma em máquina.

É estranho que a filosofia se expresse por meio de bombas, em vez de ser alvo delas. Mas essa é, em linhas gerais, a opinião do Unabomber no rebarbativo artigo que o *Washington Post* se viu obrigado a imprimir, sob pena de precipitar a morte de inocentes e ao risco de insuflar, pelo exemplo, o terror.

A prosa pedante, afetadamente racional, do terrorista requenta um coquetel de idéias tiradas dos manuais de popularização: o progresso e a técnica corrompem (Rousseau); o homem só é livre na solidão (Emerson); nossa vontade de poder degenera em debilidade pelo solapamento do cristianismo e da democracia burguesa (Nietzsche).

Lendo o manifesto, somos tomados por um impulso sherlockiano: o Unabomber parece um técnico ou ex-militar que se ocupou às pressas das humanidades, a fim de encontrar nelas a confirmação de sua paranóia, um pouco como o Hitler que escreveu *Mein Kampf*. Nas horas vagas, deve ter visto muita ficção científica.

Especula-se que tenha sido desempregado pelo sistema digital que tanto abomina. Ao falar de amor e sexo, ostenta uma naturalidade excessiva e de fato todo mundo acha que ele é um desses celibatários que às vezes tentam matar o presidente da República. Talvez seja um autor fracassado ou um aluno reprovado em filosofia.

Como o homem do Tirol, não sabemos quem ele é. Disponível para toda apropriação, ideólogo *a posteriori* do atentado de Oklahoma e de outros que ainda haverá, o Unabomber é o achado da arqueologia ideológica da nossa época, em que passado e futuro trocam de lugar e o revolucionário mais fervoroso é o passadista mais empedernido.

(21/09/1995)

HELICÓPTEROS

A mentalidade empresarial venceu. A atividade lucrativa, vista no passado com suspeita, muitas vezes considerada intrinsecamente imoral, passa a ser a medida de todas as coisas. Os jovens pensam como empresários. Como disse uma amiga, agora os banqueiros são a sociedade civil. São eles o embrião da nova classe que passa por cima de Estados e nações, sobrevoando a multidão de excluídos.

Seu veículo não é o avião, como nas risonhas décadas de 50 e 60, e sim o mais perigoso dos meios de transporte jamais concebidos pelo homem, o helicóptero, um aparelho que o maior dos gênios, Leonardo, desistiu de inventar. Com seu aspecto alienígena, com suas rasantes, com sua mobilidade incerta e temerária, o helicóptero é o símbolo da nova economia, a um tempo racional e imprevisível.

O aparelho mereceu uma saudação, como se fosse uma das autoridades presentes, no discurso de FHC na inauguração da gráfica da *Folha de S. Paulo*. Como todo vitorioso, a nova classe (como chamá-la? homens-helicóptero?) traz consigo uma ideologia e essa ideologia é de um frenético otimismo, o que empurra seus críticos para o papel antipático, embora perigosamente prazeroso, do pessimista.

Numa manobra retórica nada menos que formidável, os críticos da mentalidade empresarial foram subitamente deslocados: suas ilusões se ocultavam no passado, não no futuro; sua política era 90% demagogia; suas convicções eram jogos de palavras; seus bons sentimentos, uma maneira cômoda de todo mundo enganar todo mundo. Pode-se dizer que o humanismo passa por uma das mais devastadoras críticas que já se abateu sobre ele.

Mas não é por ser profundamente realista, por expor o que era antes encoberto pela hipocrisia dos bons sentimentos, que a mentalidade da nova classe não gera suas próprias fantasias e ilusões. Aí não há propriamente novidade e basta considerar a literatura empresarial, de Dale Carnegie a Bill Gates, para constatar o esforço de Sísifo em conciliar felicidade e lucro, lucro e moral.

Vejamos, por exemplo, o caso da livre competição, uma antiga idéia que figura com destaque na mentalidade emergente. A expectativa é que quanto mais livre for a concorrência, melhor será o desempenho do conjunto, pois cada melhora obtida compele os concorrentes a melhorar também ou perecer. O resultado é que os custos baixam e os produtos se aperfeiçoam e diversificam.

A informática permite que a diversificação possa ocorrer até o infinito, de modo que teríamos o melhor dos mundos: produtores, felizes e criativos, vendendo um universo de utilidades variadas para consumidores livres diante de todas as escolhas possíveis. Mas há um grau de saturação nas escolhas; a partir de determinado ponto, as opções já não significam nada e a liberdade é tragada pelo acaso.

Cedo ou tarde a conseqüência da competição livre é equalizar todos os processos, igualando os desempenhos para instalar o paraíso, não da imaginação, mas o seu contrário: um mundo onde tudo é igual debaixo das embalagens as mais diferentes, onde nada muda sob a aparência de mudança fervilhante. Esse é o sentido de outra idéia emergente, a de que a história acabou. O realismo econômico está cheio de contradições e só isso já justifica não aceitá-lo sem críticas.

(07/12/1995)

TRABALHOS FORÇADOS

Sempre ouvimos dizer que o trabalho melhora as pessoas. Confere senso de responsabilidade, estabelece disciplina e espírito de cooperação, fixa objetivos, dá um sentido, enfim, à vida. O trabalho organiza uma quantidade imensa de energia que, de outra forma, seria dispersa a esmo, sem propósito nem utilidade. Todo progresso, todo bem-estar é fruto do trabalho.

Enquanto exaltamos, no entanto, as virtudes públicas do trabalho, fazemos questão de ignorar a mutilação devastadora que ele produz na vida subjetiva de cada um. Todo trabalho tende a se especializar, e a especialização equivale a uma morte em vida. Nossos horizontes se estreitam, nossa imaginação seca, junto com o que nos restou de curiosidade e de coragem.

Embora seja horrível, anti-social e até antipatriótico admiti-lo, o trabalho nos torna mesquinhos, repetitivos, gananciosos, amedrontados; maçantes no convívio social e mal-humorados no convívio familiar. Não existe uma só qualidade humana — incluídos o desprendimento, o espírito de aventura, a própria disposição de viver — que o trabalho não corrompa.

Daí a eterna fantasia de que possa existir um trabalho prazeroso, um meio-termo ideal, porque tampouco toleramos o ócio: é insuportável olhar de frente para a própria solidão. Depois de alguns dias de ócio somos tomados por um desespero sem causa, precisamos "fazer alguma coisa" antes de enlouquecer. É o caso do turista, imerso na sua agitação vazia, fugindo da própria sombra.

Marx subordinou os tormentos do trabalho à escassez. Liberadas as forças produtivas, mediante uma organização racional da economia, seria possível, de acordo com a célebre passagem, "caçar pela manhã, pescar à tarde, criar animais ao anoitecer, criticar após o jantar, segundo o meu desejo, sem jamais tornar-me caçador, pescador, pastor ou crítico".

Parece estranho alinhar a atividade do crítico, talvez a mais improdutiva que já se inventou, ao lado de afazeres tão úteis, mas era essa a intenção, mostrar que a própria distinção entre atividade produtiva e improdutiva não faria sentido na fase final do socialismo, onde o filósofo alemão situou, aliás, o fim da Pré-história.

Do nascimento à morte somos mantidos em instituições disciplinares, primeiro a escola, depois a empresa. Sem elas, a grande maioria das pessoas provavelmente cairia no crime, na droga e no álcool, no suicídio. Ainda mais do que o trabalho e o ócio, detestamos a liberdade para fazermos o que bem entendermos com a nossa vida; preferimos destruí-la de uma vez.

Uma parte do sonho marxista está em vias de se realizar: a produção depende cada vez menos do trabalho. Trabalho "criativo", trabalho em casa, trabalho terceirizado etc. são sintomas da crise do trabalho, da sua perda de valor, que explode sem ilusões no desemprego crônico e crescente. FHC falou recentemente em trabalho ocupacional. O tema se desloca da economia para a "medicina penal".

(18/01/1996)

VOLTA À NATUREZA

Ninguém mais sabe o que é de direita e o que é de esquerda. Essa distinção, que chegou a ser básica para certas gerações anteriores, é desconhecida entre os mais jovens. Às vezes a impressão é a de que as posições se inverteram, às vezes de que a dicotomia entre elas, como qualquer outra dicotomia, perdeu sentido.

A origem da confusão está na identidade, fixada há muito tempo, entre esquerda e progresso, direita e reação. Não é que esse sistema de identidades seja falso, ele é transitório. O antagonismo entre progresso e reação é pendular, conjuntural, independente dos conteúdos ligados às atitudes "progressista" e "reacionária".

O que antes era popular, racional, avançado, democrático — o monopólio estatal do petróleo, por exemplo — agora é populista, sentimental, retrógrado e corporativo. Aplicamos adjetivos diferentes às mesmas coisas porque o terreno do discurso tem de se acomodar às movimentações subterrâneas da economia e da técnica.

Isso não significa que haja confusão entre esquerda e direita. Conteúdos variados foram investidos nas duas posições, desde que elas entraram em uso no fim do século XVIII, para serem substituídos por outros. Mas existe um fundamento fixo nesse maniqueísmo topográfico, oculto sob os eufemismos de "igualdade" e "liberdade".

Liberdade econômica, sobrevivência dos mais aptos, ordem e autoridade — sob qualquer dos seus apanágios, o que define uma posição de direita é a idéia de que a vida em sociedade deve reproduzir a vida natural, com suas brutalidades, hierarquias e eficiências. Somos seres biológicos, devemos obediência às leis do universo.

Uma atitude de esquerda pressupõe que a condição humana é fundada pela negação da herança natural, que a sociedade se desenvolve não como réplica, mas como oposição à biologia. Um antagonismo desse tipo só poderia surgir, de fato, na era industrial, quando o nosso poder sobre a natureza se tornou proeminente.

A caricatura de direita sobre as utopias sempre é uma sociedade robotizada, em que os indivíduos se tornam autômatos ou simples números. Para essa visão, o elenco das paixões humanas não muda, é quando muito domesticável, mas precariamente, pois logo elas reemergem tanto para corromper a utopia como para derrubar sua ditadura.

Quem acredita nesse núcleo imutável — rebelde, capaz de extremos, mas essencialmente egoísta — é de direita, mesmo sem saber. Não se trata tanto de uma crise na terminologia, mas de uma volta daquele movimento pendular que reinveste os valores de direita, agora, com um prestígio perdido há pelo menos várias décadas.

Nada é mais parecido com o livre-mercado do que a livre-natureza, onde os instintos correspondem às normas mínimas que regulam o funcionamento do todo. Épocas de direita costumam ser menos hipócritas, ao evidenciarem o que de fato somos. O problema é que todo progresso tende a ser, então, apenas aparente, técnico em vez de moral.

(09/05/1996)

O AIATOLÁ GORBATCHOV

Começou a desmoronar o fundamentalismo islâmico? A questão é decisiva pois o Islã, desde o colapso soviético, assumiu a posição de principal força organizada contra o modelo ocidental. Bem ou mal, a maioria dos países do Oriente Médio já está reconciliada com o Ocidente. E agora o Irã dá sinais de que começou a viver a sua "revolução de veludo".

Mohammad Khatami, o presidente eleito domingo, é tradutor de *A democracia na América*, clássico de Tocqueville sobre o sistema americano. Foi ministro da Cultura durante os dez anos em que se gestou o milagre do cinema iraniano, mania intelectual em todo o mundo. Sua base eleitoral são os jovens e as mulheres.

Até na aparência ele discrepa do panorama bíblico da cúpula que controla a Revolução de 1979. Sem barba e turbante, Khatami passaria por algum executivo de multinacional ou professor universitário. Sorridente, como Gorbatchov, ele ensaia a coreografia cautelosa de quem se prepara para grandes saltos.

O Irã vive aquele momento de equilíbrio em que a democracia desponta ainda sob eufemismos, como a *glasnost* na falecida União Soviética. O regime mantém o controle: segundo o *Herald Tribune*, Khatami estava entre os 4 aspirantes autorizados pelo Conselho dos Guardiães a concorrer, numa lista de 238 nomes!

Uma auto-reforma, portanto, manobra sempre arriscada na condução dos regimes ditatoriais. Foi tentada, para ficar em exemplos menos remotos, pelo franquismo na Espanha e pelo salazarismo em Portugal, sem sucesso. Mesmo no caso brasileiro, tudo o que se conseguiu foi amortecer a queda do regime militar.

Não se sabe como um país cai na democracia. A população vive de crenças mais vitais do que essa superstição de que metade mais um formam uma cifra mágica. Todos projetam o seu cego interesse na democracia e poucos admitem, com Rosa Luxemburgo, que "a liberdade é sempre a liberdade de quem pensa diferente".

No curso da auto-reforma, um incidente qualquer leva o regime a engrossar, mas os comandos já não respondem, o que serve de senha para um deslanche oposicionista que rompe o balanço das forças e joga o poder no meio da rua. Ninguém consegue exercê-lo sozinho; ao prolongamento dessa incapacidade chamamos democracia.

Como forma social, a democracia requer uma trama de forças contraditória o bastante para que o sistema não funcione sem que elas se coordenem, restringindo-se mutuamente. A diversificação de mercado, no Islã ou na China, tende a sabotar o centralismo, acentuando a sua inoperância crescente em meio à complexidade.

O ponto de saturação, porém, é moral, quando até a repressão descrê do que é chamada a fazer. Aí a política reaparece, por um lapso de tempo, com face humana. Para alcançar essa graça, Khatami precisa de um gesto, que no seu caso terá de ser a revogação do bárbaro decreto contra a vida do escritor Salman Rushdie.

(29/05/1997)

MAGNA CHINA

Hong Kong está para ser devolvida à soberania chinesa sob a fórmula "um país, dois sistemas", cunhada por Deng Xiaoping. Existe uma tendência a interpretar essa dualidade de sistemas como referência a uma suposta coabitação entre capitalismo e socialismo. Para tanto, seria necessário que a China fosse um país socialista.

Pode haver controvérsia sobre se alguma vez ela foi; nenhuma de que não é mais. No dia seguinte à morte de Mao, em 76, a ditadura chinesa começou a restabelecer maciçamente os mecanismos da competição, do lucro e da propriedade privada — o capitalismo, enfim, embora sob controle direto do Estado.

É uma ironia, póstuma e perversa, que está implícita na fórmula de Deng. "Um país", ou seja, o império chinês restaurado na sua extensão original, desde a Mongólia até o sudeste asiático. "Dois sistemas", ou seja, uma ditadura que se expressa em gíria comunista sobreposta ao todos-contra-todos do capitalismo.

A experiência do Ocidente moderno levou à convicção de que o capitalismo gera uma pressão democrática, em última análise irreversível, sobre as instituições. O aumento da riqueza amplia e diversifica as formas de consciência, enquanto os conflitos na esfera econômica se acirram até irromper abertamente na arena política.

O massacre de Tiananmem, a praça monumental de Pequim, em 89, endossou essa hipótese. Não fosse a reação sanguinária do governo, é provável que o levante, confusamente democrático, fruto de um capitalismo nascente, tivesse dissolvido o regime em meses ou semanas. Desde então se espera pelo próximo duelo entre ditadura e democracia.

Tendo mutilado a China, no século passado, de maneira só comparável ao que os americanos faziam na mesma época com o México, os ingleses se retiram para um merecido repouso, deixando uma bomba-relógio em Hong Kong: a democracia recentemente instalada. Mas quem vai obrigar o governo de Pequim a tolerá-la?

A vitória na Guerra Fria acarretou esse temível efeito colateral para os Estados Unidos: desaparecido o contrapeso soviético, a Ásia, continente do século XXI, cai na órbita da China, que de potência secundária se torna potência rival. A devolução de Hong Kong é uma das últimas conseqüências da queda do Muro.

No cinturão de países marítimos, ao sul, o enorme dinamismo econômico foi impulsionado por uma burguesia selvagem, de origem chinesa. São como os cubanos da Flórida. Exilados pelo comunismo, são eles que alavancam a restauração capitalista em sua terra natal, de olho no sonho, finalmente palpável, da Magna China.

Cingapura foi o laboratório desse monstro que combina totalitarismo asiático com economia liberal. O hiato entre progresso capitalista e atraso democrático está se dilatando na China, talvez porque o proverbial crescimento a taxas perto de 10% leve a uma sensação de ganho generalizado. A dúvida é se Hong Kong será um catalisador — e do quê.

(26/06/1997)

AMERICOFOBIA

Clinton teve a recepção talvez mais gélida que um governante estrangeiro já recebeu por aqui. Bem fez o presidente do Senado, PhD em truculência pela Universidade Federal do Sertão, que para cada exigência apresentou exigência e meia. A galera aplaudiu, os americanos só perceberam o clima quando já era tarde demais.

O visitante então se retratou, fez elogio ao Mercosul, para ele tanto faz: nada disso vai chegar até o eleitor americano. E FHC pôde colher o que não plantou, alheio que estava ao ranger de dentes, embevecido com a visita a ponto de as câmeras registrarem várias vezes seu olhar languidamente derramado sobre o casal imperial.

A imprensa se dividiu entre as duas atitudes, num primeiro momento propensa à revolta patriótica, admitindo depois que a corrupção é endêmica mesmo, grande parte das exigências não era absurda, o Brasil que cresça e apareça. Essa oscilação reflete nossa ambigüidade de "potência média", nosso desconforto em relação ao atraso.

Visitas de chefes de Estado costumam ter efeito apenas simbólico, a maior parte do tempo é gasta em amenidades. Nada mais normal, portanto, que nessas ocasiões os símbolos adquiram força, como agora. O que é mais subdesenvolvido: aderir à superioridade do outro ou negá-la sem dispor dos meios práticos para tanto?

Somente quando os termos desse dilema se dissolverem, deixando de fazer sentido, é que se poderá afirmar que o subdesenvolvimento terá sido superado, quando já não houver fraquezas a compensar, nem medos a esconder sob bravatas.

Até lá, temos de conviver com as contradições próprias da inferioridade.

Que sirva de consolo o fato de que as teorias raciais estão desmoralizadas e mesmo a idéia de identidade nacional está em declínio. Nenhum povo é intrinsecamente melhor ou sequer diferente de qualquer outro. Mais do que isso, cada povo paga um preço sempre elevado pelas opções que faz ou é levado a fazer.

A auto-imagem dos americanos, criada por escritores como Emerson e Thoreau e mais tarde fixada no cinema, é a de um povo de indivíduos livres, aventurosos, rebeldes na sua rusticidade prática. Como reflexo invertido da realidade, essa imagem omite a verdadeira mutilação que o progresso infligiu à vida pessoal.

Nem é preciso referir a patologia americana, a multidão de pessoas que o culto à eficiência transformou em párias, alcoólatras ou *serial killers*. Basta contemplar a robotização da "vida normal", que confina os indivíduos nos limites estreitos de uma vida estereotipada, regulada ao máximo pelas expectativas de "sucesso".

Nada disso é motivo para valorizar a miséria e a ineficiência. Mas num momento em que o modelo americano alcançou o auge de seu prestígio, convém lembrar que a civilização mais rica da história foi feita à custa de um empobrecimento brutal, embora invisível, de cada um. Eles têm até nome para isso: *trade off*, custo-benefício.

(16/10/1997)

RÉQUIEM PARA O COMUNISMO

Numa entrevista recente à Globo News, o general Vernon Walters disse que não considera a Guerra do Vietnã um erro cometido pelos Estados Unidos. Walters foi onipresente em boa parte das operações violentas e ilegais realizadas pela política externa americana na Guerra Fria. No Brasil, foi o elo entre o primeiro governo militar e Washington.

Apesar de paranóico, o raciocínio de Walters é interessante: se os comunistas não tivessem sido temporariamente contidos no Vietnã, a Indochina, a Indonésia e talvez até a Austrália teriam caído. O mesmo vale para as diversas intervenções do anticomunismo militar na América Latina, sempre endossadas pelos americanos.

Ou seja, foi essa política de intervenções o que deu tempo aos Estados Unidos para desenvolver o projeto "Guerra nas Estrelas", que lhes garantiu a vitória militar sobre os soviéticos e apressou a falência do regime comunista. É um argumento convincente, desde que se considere o comunismo como o pior dos mundos.

Lançado há pouco por um grupo de historiadores franceses, *O livro negro do comunismo* (Karel Bartosek e outros, Bertrand Brasil) é um inventário geral dos crimes cometidos em nome do marxismo desde 1917. Não há revelações, pelo que se publicou, mas o volume impressiona: os autores calculam os mortos em 85 milhões, contra 25 milhões do nazismo.

O século XX termina associado a essas duas excentricidades, mais ou menos como o século XIII foi marcado pelo confronto — hoje abstruso — entre guelfos e gibelinos. Será essa a percepção do futuro sobre o comunismo, uma estranha seita que prosperou no supersticioso século XX, um atalho sem saída e logo abandonado?

Heiner Müller, o dramaturgo da antiga Alemanha Oriental, dizia que Stálin foi "muito pior" que Hitler. Não faz sentido esse campeonato entre genocidas; em vez de mostrar diferenças, ele termina por igualar nazismo e comunismo. Os comunistas podem alegar o álibi das intenções, mas o inferno não está cheio delas?

A diferença é outra. Para expressá-la em jargão psicanalítico (outra seita típica do século...), o nazismo reforça impulsos primitivos como inveja, agressividade e sadismo, ao passo que o comunismo preconiza uma renúncia instintual sem precedentes, para a qual as pessoas não estão preparadas — talvez algum dia estejam.

O que derrubou o comunismo não foi tanto a "Guerra nas Estrelas", nem a brutal dessocialização que a informática acarreta, mas a incapacidade das pessoas de renunciar aos impulsos aquisitivos incrustados desde quando éramos caçadores do paleolítico. Marx dizia que a humanidade ainda está na pré-história.

O que desapareceu não foram os "ideais" do comunismo, mas seu sistema de mitos, sua estrutura de etapas e classes que se revezam como numa corrida de bastões. O resíduo que ficou foi a industrialização forçada, rápida e artificial que ele empreendeu em países atrasados, "preparando-os" para o... capitalismo.

(28/05/1998)

RESTAURAÇÃO JÁ

Tempos atrás, uma revista francesa, salvo engano, publicou uma enquete sobre assunto dos mais ociosos. Tratava-se de saber, dentre as épocas do passado, qual a que mais se assemelha aos dias atuais. Da Mesopotâmia à *belle-époque*, os períodos mais esdrúxulos foram aventados ao sabor do capricho de cada celebridade ouvida.

Alguém apontava a era dos Grandes Descobrimentos, já que a atualidade está associada a globalização e avanço tecnológico. Outro lembrava a Peste Negra, por causa da Aids. Houve até quem falasse dos hunos, considerados precursores do sistema financeiro internacional. Estranhamente, ninguém mencionou a Restauração.

Foi uma época bizarra. Com a derrota definitiva de Napoleão em 1815, começou um movimento destinado a recolocar todas as coisas no lugar em que estavam antes da Revolução Francesa. Voltaram os padres e os reis, entre eles o descendente dos Bourbon sobre o qual se disse que nada esquecera e nada aprendera.

As idéias de mudança na ordem social, divulgadas pelo Iluminismo, de repente se tornaram erradas; em seguida, de mau gosto; em seguida simplesmente imorais e monstruosas. Os revolucionários remanescentes converteram-se à "nova" ordem, ou se isolaram em seitas metafísicas, ou caíram na delinqüência.

A história não se repete, nem volta atrás, de modo que os esforços para suprimir o passado, então ainda recente, deram resultados mais imaginários do que reais. Quem se interessa por essas analogias pode recorrer ao célebre romance

A cartuxa de Parma, de Stendhal, retrato extraordinário da Restauração.

O livro começa pela famosa cena em que o protagonista, Fabrizio del Dongo, vaga em meio à batalha de Waterloo, sem se dar conta de que presencia um acontecimento histórico, sem perceber, sequer, que se trata de uma batalha. Desprovido de iniciativa e força de vontade, esse personagem zanza a esmo pelo livro inteiro.

O motor da história são os aristocratas dos quais ele se torna um joguete. Embora tenham Voltaire e Rousseau nas suas estantes, esses potentados se empenham num arriscado jogo de astúcia, política e dinheiro, no qual tem mais cacife quem se mostrar mais empedernidamente reacionário, hipócrita, inescrupuloso e devoto.

Da mesma época é o livro *Noites de São Petersburgo*, de Joseph de Maistre, uma defesa apaixonada e cínica, se isso for possível, da injustiça em nome de valores sagrados. A novidade, até hoje escandalosa, não era que um escritor talentoso empreendesse essa defesa, mas que o fizesse depois de ter lido os iluministas.

Qualquer semelhança será mera coincidência, vale repetir que a história não se repete. Até porque existe pelo menos uma diferença fundamental: a Restauração foi um período morbidamente ideológico, enquanto o nosso — como chamá-lo? — é técnico, neutro, "democrático"; estamos livres dessas velharias, graças a Deus.

(13/08/1998)

EM ROMA, COMO OS ROMANOS

Outras cidades brasileiras, especialmente o Rio, estão habituadas à presença de estrangeiros, mas São Paulo não. Desprovida de atrativos turístico-naturais, resguardada dos afluxos portuários pela serra do Mar, isolada em sua auto-suficiência econômica, São Paulo só conheceu estrangeiros que eram imigrantes e vinham para ficar.

Isso está mudando. Nos elevadores, nos restaurantes, até nas ruas é cada vez mais notável uma invasão de americanos vestidos de mórmon (cabelo escovinha, camisa de mangas curtas, gravata) que circulam com a desenvoltura que deve ter sido, uma vez, a dos romanos em seu império que se confundia com o mundo conhecido.

São engenheiros, executivos, consultores que não vêm para ficar, como os antigos imigrantes, nem para fechar negócios e voltar no dia seguinte, como ocorria nos anos 60 e 70. As conexões da globalização implicam um novo tipo de permanência, que tende a ser, como os pacotes fiscais do governo, provisória e duradoura.

Para organizar treinamentos, montar *softwares* etc. é preciso instalar-se por alguns meses. Há casos de técnicos que já têm mulher, amante e time de futebol, mas são exceções que correspondem à ínfima parcela de americanos cujo temperamento é mais "brasileiro" que o nosso. A maioria volta logo que pode.

Essa maioria oferece um excelente objeto de estudo para o que poderíamos qualificar de antropologia comparada do cotidiano, da qual nos limitamos a apontar aqui indicações esparsas e sumárias. Insistindo, porém, na importância desse campo promissor numa época em que o mundo inteiro se volta para o modelo americano.

Quem já recebeu americanos, num desses programas de intercâmbio, por exemplo, sabe de seus costumes estranhos. Eles são pontuais. Eles são francos de uma maneira que nos parece grosseira, especialmente em questões de dinheiro. Eles nunca se mostram tristes, o que para eles equivaleria a confessar um crime.

Eles não se despedem ao telefone. Eles acham comicamente indecoroso o hábito de trocar beijos, ao qual passam a se dedicar, porém, de modo abundante e canhestro. Eles ficam horrorizados com a nossa miséria material e acham incrível que pessoas sensíveis possam conviver, tão anestesicamente, em meio a tanta injustiça.

Eles não prometem encontros que não pretendem marcar. Aliás, eles não marcam encontros que não tenham propósito definido. Eles são brutais quando o seu próprio interesse está em jogo e incrivelmente indiferentes quando não está. Eles parecem tão ignorantes porque não se interessam pelo que não lhes interessa.

Se conseguirmos ser seletivos, temos muito a aprender com eles. Inclusive quanto às nossas próprias virtudes, que ressaltam, por contraste, à luz da devastação da subjetividade, da assustadora robotização de atitude e de mentalidade, que é o preço que eles pagaram para chegar ao sucesso material e ao topo do mundo.

(29/10/1998)

PINOCHET ENCARCERADO

O processo contra o general Pinochet — impulsionado agora pela decisão da corte britânica que lhe negou imunidade — significa uma grande vitória para a campanha internacional pelos direitos humanos. Depois de depor um presidente eleito, Pinochet instalou no Chile um regime (1973-1990) de arbítrio e violência inaudita.

Além da supressão das liberdades, calcula-se que mais de 3.000 adversários tenham sido eliminados. Para uma geração de latino-americanos, o regime de Pinochet se tornou o símbolo da safra de ditaduras militares que assolou o continente nos anos 60-70, um pouco como a Guerra Civil Espanhola fora para gerações anteriores.

Com base em princípios, humanitários ou democráticos, Pinochet deve ser julgado e condenado. Mas a realidade é sempre mais complexa do que a dicotomia própria do mundo dos princípios. Numa questão apaixonada como esta, convém examinar outros ângulos, ainda que para reconfirmar a posição principista.

Por trás dos inegáveis avanços do direito internacional, os Estados continuam a coexistir sob "estado de natureza", entre eles o que vale é a força. Há uma lista de ex-ditadores em vilegiatura pelo mundo, responsáveis por crimes semelhantes aos de Pinochet, sem que ninguém tenha interesse ou força suficiente para importuná-los.

O que teria acontecido se um juiz brasileiro mandasse prender o presidente da China, Jiang Zemin, chefe de um dos regimes mais ditatoriais do planeta, quando de sua visita ao país? Ou se Clinton fosse detido em algum aeroporto do mundo para responder pelo ataque-atentado contra o Sudão, que deixou vítimas civis?

Coincidência ou não, Pinochet foi preso em Londres, a pedido da Justiça espanhola, sete meses depois de deixar a chefia do Exército chileno. Sua prisão viola a soberania do Chile, que encontrou numa solução de compromisso a maneira de superar o trauma provocado por uma ditadura que um terço dos chilenos, ainda hoje, endossa.

O fim da Guerra Fria — em nome da qual Pinochet fez o que fez — reforçou o predomínio do hemisfério norte sobre o sul. Existe o risco de que processos internacionais como esse possam converter-se, sem embargo das boas intenções implicadas, em mais um instrumento desse predomínio que é cultural, não só econômico.

O ideal seria que todo governante responsável por atentar contra os valores democráticos ou humanitários fosse punido. Mas não é fácil encontrar chefes de Estado que não sejam, do ponto de vista ao menos de alguma minoria, tiranos sanguinários. Quem tem legitimidade para decidir, quem fala em nome da humanidade?

Pinochet, assim como Fidel, foi sem margem de dúvida um déspota que violou todo tipo de direitos. Estamos apenas no começo, porém, de uma longa transição rumo a um Estado internacional que pudesse assegurar, como sonhou Kant, paz e justiça universais. Até lá, ainda é a guerra de todos contra todos.

(26/11/1998)

FIM DE SÉCULO

Se revistas prestigiosas abarcam todo o milênio numa só edição, não será tão absurdo resumir um século, mais modestamente, num artigo. E a fisionomia do século XX está mais do que pronta. O século XXI pode começar no ano 2001, mas esta é a última passagem de ano antes da Grande Passagem, a do cabalístico ano 2000.

Nova York terá sido a capital deste século, como Paris foi a do século XIX. Seu oceano central foi o Atlântico, lugar a ser ocupado pelo Pacífico — dizem — no século que vem. Sua arte foi o cinema, sua língua, o inglês. Seus marcos foram duas guerras de proporções nunca vistas e dois experimentos coletivistas brutais e fracassados.

Junto com a Coca-Cola, os emblemas desses experimentos — a foice e o martelo e a cruz gamada — ficarão aderidos à memória do século que termina. Serão vistos, talvez, como momento de imaturidade da então nascente sociedade de massas, ainda incapaz de equilibrar seus impulsos de destruição e conservação.

Chama a atenção que, num século no qual a civilização técnica adquiriu tanta proeminência, seus impactos sobre a vida cotidiana se concentrem nos primeiros 25 anos, época de difusão da luz elétrica, do fonógrafo e depois do rádio, do próprio cinema, do carro, do avião — o apogeu, enfim, da revolução mecânica.

No que é visível, este final de século desaponta as fantasias da ficção científica. Muitas se tornaram tecnicamente realizáveis, mas implausíveis. As que se concretizaram — Internet, celular, TV a cabo — correspondem apenas a uma parte do mundo prometido, por exemplo, no seriado *Os Jetsons*, de meados dos anos 60.

Sob a superfície dos acontecimentos, num século que descobriu a trepidação do que é imediato, urgente, processos subterrâneos e persistentes mudaram o perfil da humanidade. Avanços médicos e sanitários contribuíram para quase quadruplicar a população em cem anos; todos os indicadores sociais melhoraram exponencialmente.

Tudo indica que a civilização tecnológica se expande em escala geométrica e que essa expansão acarreta melhoria nos níveis de vida de forma mais ou menos independente dos regimes sociais ou políticos. Esse seria o saldo "otimista" do século XX. O saldo "pessimista" é que os problemas de fundo permanecem.

Os mecanismos de produção de riqueza — a competição, o lucro — parecem incompatíveis, especialmente neste momento, com os mecanismos que permitiriam compartilhá-la. Por mais que tenha surgido um esboço de consciência internacional, as relações entre nações e grupos seguem baseadas em recursos de força.

O século XX começou com três grandes utopias — o socialismo, a psicanálise e a arte moderna —, que prometiam libertar da escassez, do sofrimento mental (em grande parte, ao menos) e do conformismo. Com todos os seus méritos inegáveis — o antibiótico, a vacina Sabin! —, essas são metas que ficam para um feliz século XXI.

(31/12/1998)

ECOS DO MURO

Dez anos depois, a queda do Muro de Berlim continua a produzir conseqüências que vão muito além do simbolismo festivo que cerca a data. Na época, a derrubada causou júbilo praticamente universal: caía o mais visível dos símbolos odiosos de um regime baseado na violência, no medo, no espezinhamento de direitos elementares.

Mesmo no âmbito do pensamento de esquerda, a reação foi de otimismo. Esperava-se que as reformas conduzidas por Gorbatchov e estimuladas pelas insurreições espontâneas que pipocavam em todo o Leste desaguassem numa renovação do socialismo. As mudanças permitiriam reconciliar igualdade e liberdade.

Foram poucos os que perceberam, então, o que hoje parece óbvio, ou seja, que as mudanças não apontavam em direção a um futuro utópico. Seu real sentido, oculto sob a névoa da retórica libertária, não era tanto de renovação quanto de restauração de um sistema — o capitalismo — que o Estado comunista havia "superado".

Conforme o socialismo "real" desmanchava, ficava patente o quanto havia de enganoso em suas celebradas conquistas, apoiadas num artificialismo econômico, quando não em pura mentira. Tudo o que a revista *Seleções* dizia não era só propaganda anticomunista, mas correspondia à cinzenta realidade acobertada pelo Muro.

O entusiasmo da esquerda logo cedeu lugar ao desconforto à medida que todo o discurso sobre a queda do Muro era convertido, por seus adversários, em pregação neoliberal. Passados dez anos, o fato é que as forças de esquerda continuam aturdidas, incapazes, até agora, de organizar alternativas à ordem capitalista triunfante.

Os Estados Unidos se transformaram na Roma contemporânea. O colapso da União Soviética minou a resistência dos países islâmicos — e do Terceiro Mundo em geral — ao predomínio americano, credenciando a China como embrião de um novo pólo de poder, que ela deverá ocupar na dicotomia geopolítica ainda em gestação.

O vácuo deixado pelo bloco socialista, que servia, com todas as suas mazelas, de contrapeso ao modelo ocidental, está na base da derrubada de proteções e garantias que levou à furiosa liberação de mercados. O que chamamos de globalização é um eufemismo para designar o processo simbolizado pela queda do Muro.

Menos espetaculares que os efeitos geopolíticos ou econômicos, as conseqüências na esfera cultural nem por isso têm sido menos marcantes. Toda sociedade repousa sobre o egoísmo humano, componente mais ou menos inelástico da nossa condição. Nunca como agora, porém, esse aspecto foi considerado tão "natural".

A prevalência absoluta de valores materiais, o surgimento de um narcisismo aquisitivo e ostentatório, a conquista da cultura pela técnica e de toda a civilização pelos critérios de mercado — tudo faz parte de uma mesma cadeia de causalidades, como se disséssemos, parodiando Dostoiévski, que se não existe socialismo então tudo é permitido.

(11/11/1999)

BRASIL

BRASÍLIA, URGENTE

Há uma crise em Brasília. Os sinais ainda são esparsos e pouco visíveis, mas a coisa está para eclodir a qualquer momento. Quem passou recentemente por Brasília percebeu algo de soturno, perturbador, no mormaço pesado do ar.

Tudo começou com a visita de um antropólogo gringo que se meteu a atacar a cidade de Niemeyer. Nunca ninguém ousara defender Brasília como cidade, mas aquela foi, parece, a primeira vez que alguém tinha o topete de desqualificá-la como obra de arte. Desde então só cresce o número de pessoas que acham Brasília não só inabitável, mas medonha. Suas propriedades sociológicas se transmitiram à estética e ela se mostra acadêmica, insípida, decadente. O stalinismo de Niemeyer, encoberto pela lírica bossa-nova, irrompe a olho nu.

Cedo ou tarde, Brasília teria de enfrentar o teste definitivo: como manter a identidade de uma arquitetura que revoga a própria idéia de identidade, como preservar uma cidade futurista? Esse o paradoxo de Malraux, quando conjecturou sobre que belas ruínas Brasília daria.

A profecia se cumpre, a própria cidade viva, real, sabota o plano piloto agora também no sentido arquitetônico, além do demográfico. Fiel a sua única tradição — o frenesi imobiliário —, Brasília está coalhada de prédios pós-modernos prestes a funcionar.

A idéia é desfigurar. Já que Brasília não pode ser erradicada, já que recuar a capital para o Rio é capricho que não está ao alcance nem mesmo de Roberto Marinho, o negócio é destruí-la *in loco*, sob colunas dóricas e arcos mussolinianos. Morte ao moderno, urram os prédios recentes.

Collor, que levou a política e a economia brasileiras ao estágio pós-moderno, introduziu o pós-modernismo também na arquitetura local, por intermédio de dois antigos companheiros de farra que até hoje dominam o panorama imobiliário da cidade. Uma besteira pós-moderna passa batido na balbúrdia, por exemplo, de São Paulo, mas em Brasília ela é um tapa na cara, uma ofensa aos sentidos, tão grave quanto revestir uma catedral de parangolés, como pintar um bigode na Pietá de Michelangelo.

Só compreende Brasília quem a toma como síntese de uma época em que quase unificamos o original e o cosmopolita no interior da nossa cultura. Foi o tempo de Guimarães Rosa, das bienais, de João Cabral e da poesia concreta, do Centro Popular de Cultura, do Cinema Novo, foi o ápice de Nelson Rodrigues.

Se houve uma Renascença brasileira foi nesse curto período, fim dos 50 e começo dos 60, em que prevaleceu uma trêmula aliança entre interno e externo, folclore e vanguarda, erudito e popular, litoral e sertão, quando se esboçava, afinal, uma unidade estilística no país.

O ciclo militar abortou essa unidade, mostrou que ela era fantasiosa e reinstalou o antagonismo entre civilização e barbárie. Mantida em formol burocrático, Brasília ficou uma alucinação a prefigurar a harmonia nunca realizada, enquanto o país mergulhava no *kitsch* psicodélico, subversivo e ditatorial.

Brasília pode ser o marco da nossa desilusão, isso apenas a nobilita como arte. Está na base da endemia inflacionária que até hoje tentamos debelar, mas a arquitetura não tem nada a ver com o pato. A cidade é o testemunho do que fracassamos em ser. Deveria ser respeitada como ex-utopia e pós-relíquia, esplendidamente moderna, produto da invenção humana, pois o Pão-de-Açúcar está ali por acaso, mas Brasília não. Brasília fomos nós.

(25/05/1995)

CORTINA DE FUMAÇA

Começa a ficar claro que o verdadeiro projeto Cingapura de Maluf não tem a ver com habitação, mas com a auto-reforma desse político que não pára de aprimorar seus defeitos. Não é Nova York, afinal, o objeto das macaqueações (cinto, cigarro, rodízio de automóveis) e sim a ditadura asiática que açoita pichadores de rua e pode enforcar quem for pego com chiclete.

Estávamos perplexos: seria possível que a reviravolta no mundo chegasse ao requinte do escárnio de transformar Maluf, o mais truculento dos nossos governantes, em pioneiro politicamente correto? Era como se um bando de malfeitores de repente abrisse uma creche. Pior: Maluf mostrava como emplacar uma lei num país onde elas não colam.

Pegue uma idéia com charme internacional, embora algo supérflua numa cidade onde milhões vivem na pior miséria e violência. Venda essa idéia como imprescindível à nossa modernidade, atestado da nossa primeiro-mundice, e imponha o decreto aos poucos, antes como conselho, depois como multa e só no fim como prisão.

Transforme os que aplicam as penalidades em propagandistas do Estado, militantes da pureza (do ar, por enquanto); submeta as vítimas a sermão, além de multa. Como na Alemanha dos anos 30, vá criando uma atmosfera de vergonha, estigmatize quem não se intimidar, afixe avisos — "aqui não se fuma" — na porta de estabelecimentos judaicos.

Desloque os opositores, aqueles para quem a democracia é mais do que uma mera ditadura da maioria, de modo que eles se vejam obrigados a defender as causas mais estúpidas: o direito de se esborrachar no trânsito, de fumar até morrer. Exemplo para a juventude sadia, eles serão a prova de que ser do contra é estar doente, politicamente aidético.

Como o nosso destino de país parece ser o de não contribuir com nada de original para o mundo, tudo isso, além de caricatura do desenvolvimento desigual e combinado, é uma espécie de farsa da farsa. Para não perder o hábito, Maluf vende gato por lebre, Cingapura por Nova York, vulgaridade por *finesse*.

O que ocorre é que em toda parte o Estado deixa de regular a economia e transfere sua força de repressão para a vida particular, psíquica e comportamental. O próprio Estado parece desmilingüir-se, mas só nas aparências: ele apenas muda de lugar, infiltra-se na capilaridade social; é certo chamar as ONGs de organizações neogovernamentais.

Não é que o Estado esteja em crise e por conseqüência a sociedade se torne mais livre; ao contrário, a sociedade se totalitariza, tornando o Estado, no sentido tradicional, obsoleto, desnecessário. Autocensura verbal, culto à saúde, ecologia, feminismo etc. são a nova linguagem oficiosa.

A lei anterior, aprovada na gestão Erundina e violada agora pelo decreto malufista, obrigava os lugares públicos a manterem alas de fumantes e não-fumantes. Funcionava muito bem, sujeitando os dois grupos à fricção de seus direitos opostos, porém contíguos, permitindo que ambos se educassem na tolerância recíproca.

Mas Maluf não quer saber de cidadãos e sim de pigmeus morais como os habitantes de Cingapura. O biônico agora é antitabagista, o apaniguado do regime militar virou uma flor de pessoa, o bem e o mal aliás trocaram de posição, e num mundo cada vez pior quem nunca muda dá até a impressão de que melhorou.

(28/09/1995)

BRASIL BRASILEIRO

Virou um clichê dizer que o capitalismo gera contradições, mas isso é próprio de qualquer sistema, aliás é próprio da condição humana, que só existe como dualidade inconciliável: vida e morte, razão e paixão, igualdade e liberdade. Podemos dizer que é falso tudo aquilo que não possa ser percebido como contradição.

Não existe contradição, portanto, no sentido pejorativo do termo, no fato de que a globalização convive com os separatismos mais cruentos, com a autodestruição da antiga Iugoslávia, com o fanatismo irredutível no Oriente Médio, até com as veleidades de independência do plácido Québec. Integração e xenofobia são duas faces da mesma moeda.

É como se o sentimento de patriotismo, de identidade nacional, já não tendo mais uma superfície concreta onde aderir, pois as fronteiras econômicas e culturais de repente evaporaram, passasse a se reproduzir em escala e ritmo fantásticos, agarrando-se às heranças mais específicas, às tribalidades mais estreitas, aos delírios mais regionais.

No caso brasileiro, o recurso ao específico, no entanto, não funciona porque nossa divisão "regional" sempre foi entre ricos e pobres, entre doutores e povão. O que corresponde ao separatismo, no nosso caso, seria auto-integração: o sonho de uma cultura autêntica, popular, enraizada no repertório ibérico enriquecido pelas tradições africanas e indígenas.

O maior intérprete vivo desse sonho, Ariano Suassuna, deu conferências sobre o assunto nesta semana em São Paulo. Autor de *Auto da Compadecida*, uma das obras-primas do nosso teatro, o dramaturgo pernambucano veio a convite do

Teatro Brincante, uma espécie de aldeia de Asterix da cultura sertaneja que resiste, solitária, cercada pela menos brasileira das nossas cidades.

Centenas de pessoas, a maioria jovens, fizeram fila para ouvi-lo. Alto, magro e aristocrático, vestido de linho branco à moda nordestina, o mito falou em pé por duas horas. Arrancava aplausos ao citar trechos de Cervantes, Góngora, Calderón, Camões e Gregório de Matos; risos maravilhados quando entrelaçava clássicos com versos e "causos" de trovadores sertanejos.

A sensação era a de ouvir Tolstói falando sobre a Rússia. Todo um panorama de encantos ancestrais, de tradições seculares, de religiosidade atávica, de pertinência, enfim, voltou à luz durante aquelas duas horas. Dava vergonha de sermos tão paulistas, tão deslocados, tão ignorantes, igualmente alienados daquele mundo primitivo e do mundo moderno que nos vem "de fora".

No final, Suassuna cantou e dançou um frevo, que fazia alusões à vitória da cultura popular sobre seus adversários. Ele pulava com o afinco de um etnólogo apaixonado pela cultura da sua tribo. Essa cultura é o que nós temos de mais arcaico e talvez de melhor, mas o suporte econômico-social a que ela corresponde desapareceu, felizmente, aliás, ou está à beira da extinção.

Não parece possível desenvolvê-la artificialmente, sem a presença das formas vivas que a engendraram. Para o bem ou para o mal, o futuro da nossa cultura parece estar na outra tradição local, cosmopolita e "litorânea", permeável às influências estrangeiras e ao ecletismo moderno, tradição essa que ganha impulso com a globalização. Talvez Suassuna saiba disso e não ligue a mínima, ele que se comparou ao temerário Quixote.

(09/11/1995)

NOSSAS ELITES

Todo mundo sabe que o problema do país são as elites. Até em programas de auditório a resposta é mais ou menos a mesma: o país é maravilhoso, o povo é basicamente bom, o problema está nas elites. Incompetentes, gananciosas e corruptas, elas são as responsáveis pela endemia do nosso atraso. Foi Collor, o grande desapropriador de clichês alheios, quem popularizou a idéia.

Culpar a classe dominante vinha sendo um hábito de esquerda. Collor incorporou esse hábito, mas deslocou o ataque contra um alvo socialmente impreciso e literariamente forte: as elites, os grupos estabelecidos, os donos não só dos recursos econômicos, mas também do poder sindical e do saber universitário. Ele passou a chamar de elites o que nos anos 70 se chamava de sociedade civil.

Essas manobras não deixam de gravitar em torno do nosso complexo colonial, pois as elites que aqui gorjeiam só podem ser más se comparadas àquelas outras, as boas — inglesas, francesas ou americanas —, que souberam prover seus povos de prosperidade, saúde, educação. Esperar que chovam dádivas e ao mesmo tempo maldizer que elas nunca venham, dois costumes nacionais, aparecem reunidos aqui.

Mas não é preciso ser sociólogo para saber que em matéria de egoísmo e ganância todas as elites são iguais. As pessoas estão sempre procurando aumentar suas vantagens, o que produz a ilusão de ótica de que os grupos atuam como indivíduos; na prática, muitas vezes é como se de fato atuassem. A crônica das elites "civilizadas" é tão repleta de crimes e atrocidades quanto a das nossas.

Um desenvolvimento mais equânime, um progresso mais igualitário não ocorre quando as elites, por benemerência ou mesmo por cálculo futuro, decidem promovê-lo; isso é ficção. Por demagógico que possa soar, somente o povo pode educar as elites e somente pela força elas podem ser educadas. A ameaça social, desde que convertida em pressão organizada, foi o que domesticou as elites "esclarecidas".

O equilíbrio no desenvolvimento depende, assim, da paridade das forças que ele põe em conflito; quanto melhor organizados forem os diferentes grupos sociais, mais serão capazes de limitar reciprocamente suas pretensões e abusos. Essa a obviedade que esquecemos quando culpamos os grupos como se eles fossem culpáveis no sentido em que indivíduos são. Pois se as elites são desenfreadas, a "culpa" é do povo.

Se adotarmos esse ponto de vista, Collor estava certo quando deflagrou o ataque contra grupos de elite até então incólumes à crítica, embora de forma alguma à repressão, e errado ao solapar toda organização autônoma na sociedade, a pretexto de atingir a elite tentacular. Na sua mitologia, o povo era a verdadeira sociedade civil e seu único mandatário era ele, o czar-presidente.

A tese de que o problema são as elites fez longa carreira na nossa crônica; as próprias elites no fundo acreditam nela, cada visita a Paris ou mesmo a Miami reforçando dolorosamente a velha crença, que tem um triplo fundamento católico, autoritário e progressista. Enquanto dá algum fôlego ao povo, a estabilidade da moeda permite às elites mais uma chance de, aceitando a si próprias, aceitarem os problemas do país.

(16/11/1995)

GEOMANCIA

A extensão da avenida Faria Lima, em São Paulo, é a jóia principal na coroa de Maluf. Realizada em tempo recorde, essa obra de erradicação urbana selou o destino da Paulista, tornou os Jardins presa fácil da decadência e consolidou as duas margens do rio Pinheiros como linha de alta riqueza, provável cartão postal em futuro próximo.

Reportagem recente mostrou o ímpeto da fuga rumo ao eixo Faria Lima-Berrini, como se a Paulista estivesse sendo atacada por uma horda, e ela está. Numa ironia muito justa, coube a um imigrante dar o golpe de misericórdia na avenida-símbolo de uma classe há muito extinta. Maluf, porém, precipitou a mudança, sem ter sido seu causador.

O centro rico da cidade vem sendo deslocado na direção sudoeste, não de forma suave e contínua, mas aos saltos, deixando na esteira de sua pressa um panorama desolador de deterioração, de terra arrasada. Três ou quatro desses deslocamentos já ocorreram neste século, é como se fosse uma estratégia de "queimada" urbana.

Mas não há estratégia alguma, exceto a da riqueza que foge instintivamente, por um corredor, do cerco que avulta em redor. A parte "nobre" da cidade é, assim, erguida e demolida antes de fixar um parâmetro qualquer de qualidade urbana, de identidade ou permanência. O prefeito Maluf só levou esse estilo às vias de fato.

A região norte já se separou há muito tempo do restante e vive fechada em si mesma. Para o leste e para o sul se estende um mar de cidades concêntricas, tanto mais carentes quanto mais afastadas, embora repitam o padrão do núcleo principal, com sua burguesia própria, suas próprias simulações de submodernidade.

Como não existe um centro geográfico, dada a imensidão do conjunto, prevalece uma espécie de centro virtual, a nesga que a mídia cobre, pois ali se concentra a classe média que influi e que importa. Ali os prefeitos concentram também suas obras de impacto, sabendo que é fácil irradiá-las imaginariamente até os sertões periféricos.

O sentido da administração pública é corrigir, suplementar, às vezes até conter as tendências espontâneas da sociedade. As pesquisas de opinião consagram em São Paulo uma gestão que faz o contrário, daí a fama de realizadora. O resultado provável é gerar mais riqueza e mais pobreza, enquanto se adia o confronto entre esses dois mundos hostis.

* * *

Leão de Ouro para a campanha da Globo e sua dupla de sócios estrangeiros na TV a cabo: "Três potências se unem para dominar uma nação, sem a mínima intenção de poupar velhos, mulheres e crianças". Não é que fizeram um anúncio que diz a verdade, somente a verdade, nada além da verdade? Esses publicitários não têm mais o que inventar, mesmo.

(27/06/1996)

RAÇA BRASIL

Acaba de sair mais uma revista, igual às outras que enchem de tédio as bancas de jornal: modelos na capa, excelente impressão, diagramação profissional, textos sobre moda e consumo, anúncios caros. A diferença é que em *Raça Brasil* os personagens são negros, até o horóscopo traz os nomes de orixás em vez dos signos astrológicos.

Estamos tão acostumados a fingir que somos um país de brancos, que a reação de surpresa é inevitável. Por que essa revista americana é escrita em português? Ao folhear a edição inaugural sobrevém uma sensação de vergonha e orgulho, por ter demorado tanto e por ter surgido enfim. Haverá público para sustentar publicação tão cara?

É difícil, talvez impossível, fixar uma identidade racial no Brasil. A diferença social é tão abrupta que tende a tragar as demais diferenças em seu abismo. O racismo é difuso, recrudesceu com o imigrante italiano ou alemão, mas não se articula numa sociedade mista onde o importante não é ser branco, mas "menos negro" que o outro.

Mesmo o ricaço branco se sente "negro", "inferior", diante de qualquer americano rastaqüera. A escala hierárquica, baseada em gradações infinitas, vai do negro pobre até o estrangeiro rico. Todo mundo sabe que um negro será muito bem tratado num restaurante brasileiro desde que tenha dinheiro, melhor ainda se falar outra língua.

É um racismo que se manifesta em estado larvar, cínico, não-programático, dissimulado nas dobras da "pessoalidade" de nossa cultura e dependente do preconceito maior, que é social em vez de étnico. O racismo em estado puro só virá à tona (e talvez então ele tenha desaparecido) quando for reduzido o abismo da pobreza.

Raça Brasil inverteu os termos da equação. Ela não interpela o negro-cidadão, mas o negro-consumidor; não fala de injustiças, mas de êxitos; não se concentra no coletivo, mas no individual. Numa entrevista, o músico Carlinhos Brown chega a dizer que os brancos é que se fizeram escravos, no passado, ao dependerem do trabalho negro.

Nesse sentido, a revista é tão americana quanto suas aparências, seu credo é que todos são iguais em face da mercadoria. Confirma, assim, o padrão do nosso dinamismo cultural, que é apropriar idéias e valores externos, colocando-os a serviço de uma situação doméstica que continua defasada em relação ao meio de origem.

Essas importações costumam maquiar nosso atraso e reforçar a artificialidade da nossa cultura. *Raça Brasil* é uma preciosa exceção ao encontrar, na ideologia americana, um ponto de giro que se acopla à plasticidade do caso racial brasileiro, o que lhe permite, pela primeira vez entre nós, falar do negro como pessoa, sem pena e sem desprezo.

(12/09/1996)

MORTES

Aproximar quatro intelectuais tão díspares, tão nítidos na diferença de suas imagens exemplares, seria no mínimo vulgar se a morte já não tivesse se encarregado da grosseria ao suprimir a presença de Antonio Callado, Paulo Francis, Mário Henrique Simonsen e Darcy Ribeiro quase de um golpe, em menos de um mês.

Nessas horas a história parece que acelera num solavanco brutal, e todo mundo envelhece um tanto, arrastado por esses transatlânticos de idéias que quanto mais submergem, mais gigantescos se vê que eram. A morte é um evento unívoco, totalitário, que se presta melhor ao protesto do silêncio que à interpretação.

Mas onde não há sentido — ou seja, na morte —, teimamos em ver desígnios, coincidências significativas que permitam fortalecer algum valor para continuar vivo, pois cada morte torna toda vida restante ainda mais preciosa. O objetivo do gênero necrológico é fixar o paradoxo da valorização da vida por meio da morte.

Vamos contornar esse gênero ingrato, quase sempre injusto, para arriscar identidades e diferenças agora que as homenagens foram feitas, os balanços publicados e os quatro personagens de si mesmos, como foram chamados, atravessaram o primeiro portão da glória. O que haveria em comum, qual o legado a decifrar?

Callado nasceu em 1917, Darcy em 23, Francis em 30 e Simonsen em 35. Estavam em idade universitária, a época de maior absorção de influências, quando veio o pós-guerra e o fim do Estado Novo. Entraram na idade madura junto com a instalação do regime militar, quando se formou seu perfil definitivo.

A aclamação chegou na democracia atual: suave, como lhe convinha, para Callado; categórica para Darcy; sempre controvertida para Francis; restrita, e portanto mais misteriosa, para Simonsen. Dois autores de direita e dois de esquerda, e entre eles dois inversamente convertidos de um campo para o outro.

Foram protagonistas da modernização que nos tornou um país industrial e urbano, eram eles próprios substituições de importações em carne e osso. Cada um a seu modo, confrontaram o fracasso da sua geração: a modernização não só não corrigia, mas eventualmente agravava as misérias do subdesenvolvimento.

Suas respostas para o problema ecoaram o dualismo da nossa cultura (e da latino-americana em geral), lançando Darcy e Callado rumo ao interior do enigma, para o sertão, nosso coração das trevas, enquanto Francis e Simonsen, dois amantes da ópera, eram deslocados para a órbita internacional do saber e do gosto.

Mas mesmo para estes o referente era sempre a geometria nacional, e é certamente dela que ficamos órfãos no simbolismo dessas mortes. Nenhuma geração se crê à altura dos calcanhares da anterior, embora o desejasse; a internacionalização nos livra dessa comparação embaraçosa por falta de apoio para os pés.

(20/02/1997)

BRASIL VILÃO

Tornou-se habitual a divulgação copiosa de relatórios produzidos por ONGs do Primeiro Mundo sobre miséria, violência e desmatamento em países do Terceiro (muitos vestibulandos talvez não saibam que o Segundo era o comunista, que desabou há quase dez anos). Bem aquinhoado nos três quesitos, o Brasil é um dos alvos preferenciais desses levantamentos.

Raramente examinada, a qualidade metodológica dos diferentes estudos varia de um caso para outro. Os pesquisadores são muitas vezes gente politizada, que romantiza a luta contra a injustiça em países remotos, quando não ocorre de serem meras pontas-de-lança de grandes empreendimentos comerciais. Tudo isso em alguma medida é verdade.

Mesmo assim, o efeito prático da divulgação das estatísticas é muito positivo. Há um choque na opinião pública, as autoridades procuram se mexer para preservar a impressão de que estão fazendo alguma coisa. Cresce, de qualquer forma, a consciência dos problemas que o hábito impede cada um de nós, ao contrário do estrangeiro, de ver.

O risco é que essa mentalidade reforce o mito de que existe um maniqueísmo entre Primeiro e Terceiro Mundo, entre eles (os heróis) e nós (os vilões). Desse ângulo, os países ricos seriam o paraíso dos direitos, das oportunidades iguais e da vitória do mérito, em oposição à lei da selva dos países pobres. Isso é verdade, mas não é toda a verdade.

Os países ricos reduziram a injustiça, o privilégio e o preconceito não porque foram acometidos de uma consciência moral superior, mas porque esses problemas eram obstáculos à mercantilização da sociedade como um todo. A igualdade decorre também do efeito uniformizador do dinheiro, conforme ele passa a mediar todas as relações.

Nos países pobres, ao contrário, regiões imensas da vida social ainda não foram incorporadas à lógica da mercadoria. Fora do campo estritamente econômico (e às vezes até dentro dele), nos domínios da vida familiar e pessoal, da religião, do prazer etc., não existem as regras de equivalência baseadas na impessoalidade dos direitos.

O resultado é que nessas regiões selvagens campeia tanto a violência quanto a sensualidade, tanto a desordem e o mandonismo quanto a liberdade pessoal. O sonho de todos os profetas reformadores do Brasil moderno, de Oswald de Andrade a Glauber Rocha ou Caetano Veloso, foi conciliar os valores das duas civilizações.

Não era outra a Roma tropical de Darcy Ribeiro, uma sociedade que retivesse a espontaneidade do "primitivo" sem abrir mão de conquistar a cultura de direitos do Primeiro Mundo. São outros quinhentos acreditar que essa utopia ainda seja realizável — se é que o foi alguma vez —, dado o grau avançado de mercantilização que já atingimos.

Céticos ou crédulos, não sejamos ingênuos. A instalação de uma cultura de direitos (o que sempre coincidiu, até agora, com o império da mercadoria) corrige defeitos ao mesmo tempo em que destrói qualidades. Nossa biodiversidade existencial é a primeira vítima nesse processo em curso, com tudo o que ela tem de ruim e de bom.

(18/12/1997)

SOCIOLOGIA DAS LOIRAS

Desde Gilberto Freyre, cujo centenário se comemora no ano que vem, vemos na miscigenação um traço positivo da formação brasileira. Longe de debilitar a "raça", como se pensava antes, esse aspecto evitou que o racismo se tornasse virulento e enriqueceu a cultura popular, beneficiária da confluência de três tradições.

A noção se fixou nos anos 60, quando a "mulata-exportação" e a "morena da praia" se tornaram ícones femininos, e teve até uma conseqüência programática no "socialismo moreno" apregoado por Brizola e Darcy Ribeiro. De uns tempos para cá, porém, quem percorre as revistas ou a televisão percebe que alguma coisa mudou.

A presença maciça de loiras no imaginário da mídia e do show biz não é fenômeno tão frívolo, nem tão gratuito. Impulsionado, talvez, pelos progressos da cosmética que facilitam a mudança cromática, ele provavelmente reflete, num plano mais banal, o prestígio do modelo americano, imitado no mundo inteiro.

Mas a valorização da "loiritude" ressalta também um antigo mecanismo interno, que se pode chamar de racismo em cascata. Como no Brasil não existem, ao contrário de tantos outros países, blocos etnicamente homogêneos e separados, a diferença racial tende a se diluir nas inúmeras gradações que vão de um extremo ao outro.

O racismo não se torna ideológico, não se volta em abstrato contra a totalidade dos "outros", mas funciona seletivamente contra os "outros" que estejam abaixo na escala das diferenças sociais. Embora não definam a desigualdade, as diferenças raciais servem como uma régua para calcular distâncias, reais ou presumidas.

Esse paralelismo entre as escalas social e cromática se projeta na própria camada dominante, prostrada diante das imagens que vêm do exterior, emitidas por sua congênere loira. Basta folhear as revistas de ostentação da riqueza e do ócio para verificar o avanço da "loirização" como etapa superior do "embranquecimento".

Parece que foi Pelé o primeiro astro negro a se casar com uma loira. Não cabe especular sobre sentimentos pessoais, que devem ser autênticos em muitos casos, mas a tendência se tornou quase um ritual obrigatório na formação de mitos do esporte e da música, reflexo do desejo de criar um curto-circuito na cascata do racismo. Como é comum nas reações inconscientes, a contrapartida tem sido o humorismo em torno do mito da "loira burra". Decodificada, a idéia é a de que essas pessoas, por se apegarem demais às aparências, são vazias, tão vazias como a pantomima em que "chiques e famosos" imitam seus equivalentes americanos.

Carla Perez, Xuxa, Ana Maria Braga etc. estão mostrando que até do ponto de vista do imaginário cosmético as identidades nacionais foram substituídas por um padrão artificial de inspiração americana. É uma ironia que, nas vésperas do centenário do teórico da mestiçagem, a falsa loira seja o novo ícone sexual brasileiro.

(09/12/1999)

CULTURA E MÍDIA

ESCOLA DO SEXO

Um adolescente de hoje sabe mais sobre sexo do que qualquer filósofo do passado. Esse é um dos efeitos contraditórios da epidemia sexual que assola o mundo. Como a prevenção da doença está ligada ao esclarecimento, a cultura sexual continua aumentando, apesar de as práticas sofrerem restrições. É impossível manter as crianças numa ignorância nebulosa sobre o assunto quando imagens do "sexo seguro" estão por toda parte.

Freud chocou os vitorianos ao revelar que as crianças têm vida sexual, ainda que inconsciente. Essa vida sexual, incompleta e embrionária, torna-se cada vez mais consciente por força de estímulos externos, do programa da Xuxa à campanha contra a Aids.

Não deixa de ser irônico, entretanto, que uma mesma década — os anos 80 — tenha assistido ao desmoronar das duas utopias do século, a social e a sexual. Surgem agora esses espantosos clubes de virgindade. Nos EUA, adolescentes fazem cerimônias nas quais depositam cartões brancos, com voto de castidade até o casamento, em jardins públicos. Embora impulsionado pelo medo da epidemia, esse tipo de gesto corresponde à idealização da atividade sexual, à sua extrema romantização, própria da adolescência.

Parece haver, assim, duas forças atuando em sentidos opostos. De um lado o retorno à sentimentalidade sexual, apoiado nas restrições de caráter preventivo, sanitário. O cinema, por exemplo, bom termômetro dessas flutuações ideológicas, voltou a ser romântico. De outro lado, a própria campanha de prevenção estimula a precocidade, além de impor uma atitude pragmática, utilitária, calculista até, em relação ao sexo.

É típico desta epidemia despertar reações contraditórias, porque ela não se esgota no aspecto médico, na neutralidade do problema clínico. Assume, ao contrário e perversamente, implicações morais, simbólicas. Muito de acordo com a estilística da nossa época, marcada pela metalinguagem, trata-se de uma meta-doença, uma doença de doenças, que não vitima pelos próprios meios, mas que abre caminho a todo um cortejo de enfermidades.

Do ponto de vista das causas, seu modo de transmissão lança a conhecida sombra de preconceito sobre as vítimas. Mas as práticas perigosas são indevassáveis e não costumam apresentar sinais externos exceto quando já se trata de sintomas. O preconceito então se intelectualiza, assemelhando-se mais ao anti-semitismo, por exemplo, do que ao racismo de brancos contra negros ou vice-versa, que se sustenta em diferenças objetivas.

O crítico e poeta Nelson Ascher, que nas horas vagas cultiva, entre outras erudições, o interesse pela epidemiologia, costuma fazer uma especulação interessante.

Com o aumento da prevenção, as cepas menos letais do vírus HIV tendem a levar vantagem em relação às mais letais, pois se beneficiam de maior chance de alcançar outros hospedeiros. Dada a natureza altamente mutante do vírus, logo ele deixaria de ser fatal.

Esperemos que a cura torne inútil a confirmação dessa hipótese, realmente voluntária a opção pela abstinência e inócua a defesa da ignorância sexual.

(18/08/1994)

INTELIGÊNCIA

Parece que a síndrome de Forrest Gump realmente baixou. Coincidência ou não, enquanto as aventuras do personagem de QI 75 lotam os cinemas, dois pesquisadores americanos tentam provar que o QI dos negros é na média 15 pontos inferior ao dos brancos.

No livro *A curva do sino* (*The bell curve*, Richard J. Hernstein e Charles Murray, Nova York, The Free Press, 1994), eles defendem a tese de que essa suposta diferença é genética e não depende de fatores ambientais. Em amostras de classe média, dizem, a diferença constatada teria sido ainda maior do que na base da sociedade.

Ou seja, os negros tendem a ser marginalizados por serem pouco inteligentes, não o contrário. Em contrapartida, o livro afirma que chineses, japoneses, coreanos e judeus têm QI superior ao dos descendentes de europeus.

Nem é preciso dizer o quanto explosiva e politicamente perigosa é a tese, e não apenas no sentido de legitimar o racismo. A controvérsia coloca o poderoso movimento pela igualdade étnica nos EUA em choque aberto com a liberdade intelectual, pelo menos quando levada a tais limites.

À distância, é interessante observar que a "revelação" contida no livro (na verdade, teorias desse tipo reaparecem de tempos em tempos) segue a corrente regressiva que caracteriza a nossa época; foi propiciada por ela. Há duas gerações vínhamos nos acostumando à idéia de que os fatores sociais, históricos, prevalecem sobre os genéticos. Na atual correria ideológica para retroceder, a biologia, revitalizada na sua condição de nova fronteira da ciência, prepara a vingança contra a história.

Não faz muito tempo, um estudo científico provou, dizem, que o homossexualismo corresponde não só a uma diferença genética, mas que ela é morfologicamente identificável. E agora, essa história de QI.

O problema desses "estudos científicos" — a rigor, de toda a ciência moderna — é que a imensa maioria de leigos não tem interesse nem qualificação para confirmá-los.

Pior ainda é quando essa confirmação, em vez de inatingível pela experiência leiga, como ocorre com a física ou a matemática, coincide com preconceitos ancestrais, caso de *A curva do sino*.

De toda forma, quem passa por um exame de QI às vezes é levado à dúvida sobre quem é menos inteligente, o testado ou o teste. Como na piada sobre o jogo de xadrez, acabamos desconfiando que testes de QI medem mesmo é a capacidade de resolver testes de QI.

Na tentativa de isolar fatores culturais a fim de atingir o que possa haver de congênito em matéria de inteligência, esses testes quase sempre se resumem a medir a aptidão para reconhecer séries geométricas ou numéricas. Toda uma inteligência concreta, simbólica e sensível — poderíamos dizer histórica — fica de fora. Por sua própria natureza, ela não se presta a quantificações. Depende de estímulos intuitivos e circunstanciais.

Esse tipo de inteligência é determinada pelo problema, em vez de determiná-lo. E na maior parte das vezes, o que chamamos de inteligência não passa de necessidade vital, prática, de resolver um problema. Situação oposta, aliás, à dos testes de QI.

(27/10/1994)

PUBLICIDADE COMO COMÉDIA

No começo, a propaganda estava colada ao produto, ela se limitava a proclamar o que era colocado à venda. Era a época daqueles anúncios de antigamente que descreviam, com entusiasmo ingênuo, as qualidades da coisa a ser empurrada goela abaixo do "prezado cliente e toda a sua família".

Mas como o mundo da propaganda, onde repetir é a verdadeira alma do negócio, funciona por saturação, o público não demorou a se sentir saturado do estilo de origem. Foi preciso embrulhar o produto, então, numa aura cada vez mais ampla, disfarçando a intenção crua de vender.

Em termos lingüísticos, foi preciso fazer dos anúncios perífrases, voltas ao redor do assunto. A publicidade passou a ser narrativa, ficcional, em vez de descritiva. Ela mostrava agora o dinamismo de situações do dia-a-dia em que o produto coubesse como uma luva, perfeitamente integrado à paisagem da família.

Acontece que essa fórmula também cansou; tornando-se convencional, ela permitiu que voltasse à tona o temível propósito de vender (e sua contrapartida, de consumir), ou seja, aquele núcleo que toda publicidade tem de deslocar, reprimir, esconder. Era preciso mudar outra vez.

O passo seguinte foi temerário. De narrativa a propaganda passou a ser humorística, o épico virou comédia. Ao dar essa cambalhota, a publicidade assimilou a hostilidade represada havia décadas, uma ironia que só crescera conforme o público se tornava mais impaciente, devolvendo-a sob a forma de auto-ironia.

Isto coincidiu, parece, com uma corrida em massa dos publicitários para os consultórios de psicanálise, de modo que chamar essa fase, na qual ainda estamos, de cômica ou psicanalítica dá na mesma. A publicidade revê a si própria, ironiza as suas intenções, volta-se contra o produto.

Mais de um anunciante já sentiu perplexidade e desconforto, examinando a campanha que lhe ofereciam, ao ver seu produto negado, ridicularizado, submetido a todo tipo de achincalhe, quando não acontece de simplesmente sumirem com ele para dar lugar à "mensagem". Mas ainda são casos excepcionais.

O que mais ocorre, aliás com freqüência soporífera, é enfiar o produto num trocadilho, nem sempre verbal. Duas narrativas paralelas, duas ordens de valores, antes separadas, entram em comunicação a fim de criar um lapso de graça: a distração necessária para que o anúncio supere as defesas do público.

Tudo isso funciona melhor na teoria que na prática. Com as exceções de praxe, a maioria dos anúncios não passa de trocadilhos revoltantes. Mas o público não se perturba, talvez porque sua credulidade, embora cada vez menos simplória, seja inesgotável, ou porque não há mais como escapar da propaganda.

Montada sobre a mercadoria, ela domina o mundo. Anúncios no gênero Benetton são o passo mais recente de um longo percurso em que a publicidade busca fugir do produto, emancipar-se, ser a sua própria mercadoria. Anúncio e produto trocaram afinal de lugar, o que é cômico, ou trágico, tanto faz.

(27/07/1995)

LESBIAN CHIC

Todas as nossas previsões, ao que tudo indica, estavam erradas. Uma doença mortífera transmitida por contágio sexual deveria acarretar um maior obscurantismo nos costumes, mas nunca o sexo foi assunto tão livre e legítimo: é preciso prevenir, falar às claras, higienizar, porque a nossa época é pragmática em vez de ideológica.

Estamos no apogeu da cultura sexual; um ator do filme *Kids* sabe mais sobre sexo do que Aristóteles jamais soube. Mesmo a hostilidade contra homossexuais, que no começo da epidemia recrudesceu, parece dissolvida na aceitação clínica do fato de que a Aids, conforme saía do gueto para atingir qualquer ser humano, humanizava os homossexuais.

A universalidade da doença permitiu que eles aparecessem, pela primeira vez, como cidadãos. Outros fatores, enquanto isso, contribuíam para o mesmo resultado. Subordinando qualquer atividade à sua gratificação individual e imediata, a nossa época abriu uma separação nunca vista não só entre prole e sexo, como entre sexo e amor.

Antes enfeixados numa coisa só, amor, sexo e prole estão agora estraçalhados pela especialização moderna. Não é de espantar que a homossexualidade, estéril por definição, prospere à custa desse estraçalhamento como uma forma autônoma, reflexiva e estetizante de sexo, que está para o heterossexualismo como a realidade virtual está para a material.

Além disso, sendo a homossexualidade um capítulo da enciclopédia do narcisismo (a paixão pelo semelhante, por si mesmo), é natural que essa preferência tenha a mais ampla difusão hoje, quando sabemos que Deus não existe, que os ideais coletivos não passam de balela, que cada um vive e morre solitário diante de sua imagem no espelho.

Freud mostrou que existe um componente homossexual recalcado em toda pessoa; removido das sombras, esse componente agora começa a ingressar no "mercado", tanto afetivo quanto econômico. Não será surpresa se, dentro de duas ou três gerações, uma grande parte das pessoas, talvez a maioria, for constituída de bissexuais.

Exatamente como ocorre por força das leis do mercado, quando livre, as relações se multiplicam e as diferenças se nivelam: os homens ficam mais "sensíveis", as mulheres mais "afirmativas", os gays mais masculinos e as lésbicas mais femininas, todos convergindo para um termo médio em que qualquer das opções está, à sua maneira, representada.

Gostaríamos que os casamentos voltassem a ser "felizes", como antigamente, mas para isso seria necessário que o sexo fosse outra vez subordinado ao amor, e o amor à prole, o que é obviamente impossível nas condições atuais. Daí os surtos insistentes de romantismo amoroso, manifestações de luto por um passado que se perdeu.

A recente visibilidade do homossexualismo feminino, sua presença maciça na moda, no cinema, na música, quase a ponto de superar o equivalente masculino, é também sintoma dessa nostalgia. Não só nostalgia, pela ausência de penetração, do sexo "seguro", mas inexplícito, eufemístico, de uma época em que ele se condensava, por assim dizer, no seu próprio perfume.

(05/10/1995)

EM NOME DE DEUS

O festival de teologia que assola o país está permitindo um inesperado vislumbre sobre todo um passado de intolerância, como se de repente caíssemos em pleno século XVII, quando metade da Europa procurava degolar a outra metade a fim de estabelecer se os homens devem ou não tirar o chapéu ao entrarem na igreja.

Inútil ressaltar a futilidade dos pretextos nas querelas de religião, que no nosso caso atual, como no século XVII, opõem idólatras a fanáticos, imagem contra texto. Os motivos podem ser fúteis, mas não as motivações, pois afinal sempre se trata de comércio das almas vertido em boa moeda sonante.

Claro que cada um deve ser livre para recorrer à anestesia espiritual que melhor lhe convier; a vida é dura demais sem esperanças. Quem tem moral para chamar a religião alheia de ridícula? Não há incautos em matéria de religião porque nesse assunto todo mundo é cego, todos cultivamos fetiches ainda quando damos a eles o nome laico de sonhos ou ideais.

Voltaire achava que só a crença em Deus é racional. Templos, dogmas, cerimônias seriam fantasmas agitados pelo clero para extorquir a multidão de supersticiosos, que ele compara aos covardes na guerra, pois sentem e espalham pânico. Toda seita é tão absurda quanto qualquer outra, logo todas têm igual direito a praticar suas extravagâncias e a prosperar.

As *Memórias* de Voltaire acabam de sair pela Imago, com tradução de Marcelo Coelho. Apesar do que sugere o título, tratam apenas do período que o escritor francês passou na corte de Frederico da Prússia. O livro é uma boa introdução ao estilo de Voltaire, à sua famosa ironia, tão frisante que quase a conhecemos mesmo sem nunca ter lido.

O método experimental, que Voltaire tanto admirava nos ingleses e que deu origem ao mundo científico moderno, acarretou um duplo revés para a religião. Por um lado, tudo se esclareceu no mundo material, as leis da física expulsaram crendices e mandingas, o progresso técnico obrigando a religião a falar em termos metafóricos.

Mas no mundo imaterial a conseqüência não tem sido menos devastadora: quando não é simplesmente negado, ele é posto de lado como algo que por enquanto ainda não conhecemos, mas um dia viremos a conhecer. Deus é compelido a recuar para um canto oculto do universo, para o quase anonimato do deísmo que já era a crença de Voltaire e dos enciclopedistas.

Conforme as religiões cediam à evidência de que repousam na melhor das hipóteses sobre uma dúvida, à medida que a ciência substituía as certezas da fé, passamos a tolerar que cada um escolha sua crença como escolhe cônjuge, profissão ou traje. Só quando a fé diminui a tolerância aumenta, e vice-versa. Podemos acusar o bispo evangélico Von Helder, por exemplo, de tudo, menos de não ser fanático e portanto intolerante.

Mas o principal fanatismo da nossa época é mais sibilino e talvez perigoso, porque se pretende racional. Nosso jansenismo é étnico, nossas superstições são médicas, nossa inquisição é ecológica, as feministas são os nossos quacres: uma modalidade perversa de intolerância em nome da própria tolerância. Mesmo contra ela Voltaire ainda é o melhor desinfetante mental.

(26/10/1995)

MAMONAS

Muitas crianças pediram e ganharam, neste Natal, o disco dos Mamonas Assassinas. O rock nacional tem evoluído tão rapidamente que nem todos os pais conseguem acompanhar os últimos lançamentos. Mas isso não é problema para os Mamonas, que conseguiram escandalizar numa época em que se acreditava que o escândalo moral estivesse extinto. Todo mundo já ouviu falar.

Tomar conhecimento do trabalho dos Mamonas em meio ao zumbido pop das ruas, porém, é muito diferente de escutar o disco com atenção, ler as letras, ver as crianças cantando junto como se fossem médiuns de uma mensagem a que estão completamente alheias. É no mínimo uma experiência pedagógica, ou antipedagógica, para pais e mães.

Não que as crianças sejam inocentes. Todo o acachapante sucesso dos Mamonas se baseia no desejo das crianças, permanente, obsessivo, de chocar o mundo adulto. Elas compreendem pouco das letras, mas o bastante para saber que tratam da zona proibida, da região do escatológico e do sexual, anatomicamente próximos, reunidos também no fato de só virem à luz do dia por meio do humor.

Nem se trata de inconsciente, não é preciso ir tão longe. As crianças raciocinam com os meios a seu alcance, mas exatamente como nós. Desde muito cedo notam, além do escandaloso tabu da nudez, que os banheiros, por exemplo, são divididos em homem e mulher, com todas as conotações implicadas. Há algo de suspeito no mundo.

O sucesso dos Mamonas, à sua maneira, é o eco das velhas perguntas sexuais que as crianças agora cantam, numa provocação ostensiva, depois de terem sido levadas a um frenesi de ansiedade "pré-sexual" pelo exemplo dos adultos, pelos anúncios, pela moda, pelos programas no estilo Xuxa, pela própria campanha de prevenção da Aids.

A estratégia da produção executiva, digamos, do grupo, é arar no último terreno virgem, escandalizar o último público ainda escandalizável. Não as crianças, por mais que a condição de fã dos Mamonas possa aumentar-lhes a cultura sexual, mas os adultos, atingidos num segundo impacto, quando as crianças saem repetindo as músicas por aí, como num filme de ficção-científica ou de exorcista.

O manancial das músicas é tudo o que houver de impuro, de proibido, de incorreto: preconceitos de classe e de região, tratamento sarcástico dos "desvios" da conduta sexual, até piadas obscenas de português. A crueza com que os Mamonas abordam seus temas, embalados em paródias de músicas famosas, muda as fronteiras do que é verbalmente lícito e extingue qualquer resquício de censura na matéria.

Exatamente quando o comportamento incorreto começa a ser mais duramente reprimido, no âmbito particular, ele se legaliza no âmbito público, para efeitos recreativos, a título de que é só de brincadeira. É isso o que permite a Madonna, por exemplo, brincar de ser estuprada num videoclipe; isso o que torna os Mamonas e seu liqüidificador de palhaçadas inofensivos, aparentemente.

(28/12/1995)

CONFISSÕES DE UM MACACO

Um publicitário famoso declarou recentemente que toda publicidade é mentirosa. Ao glamourizar, ela já falseia. Sua declaração foi um avanço importante porque há décadas o discurso publicitário tenta tapar o sol com a peneira, insistindo no contrário. Um advogado, por exemplo, não escolhe seu cliente por ele falar a verdade, mas porque tem direitos a serem protegidos.

Se o militar mente por dever de ofício, se o jornalista mente até quando não quer, se o pedagogo mente para não ser imoral, se o médico e o padre mentem por caridade, por que esperar que justo o publicitário seja o único louco a falar a verdade? E no entanto ele é. Por uma diabrura da ideologia, a verdade se infiltra na mentira publicitária e fica ali latente, como num sonho, à espera de decifração.

A nossa época é tão rasa e grosseira que a camuflagem se mostra cada vez mais negligente, ou talvez menos eficaz. A verdade irrompe em mil lugares, como no mito do garoto holandês tentando evitar, com os dedos, que a barragem vaze. Dizer que a publicidade é mentirosa de certa forma a nobilita, ela se desloca para as vizinhanças elegantes da arte, que sempre reivindicou a mentira.

Removida, porém, toda censura política, moral etc. a publicidade não consegue mais mentir, para decepção dos publicitários, que já se comportavam como autênticos pintores de Montmartre. Considere o caso exemplar, maravilhoso por tudo o que revela à luz do dia, do anúncio da Pepsi contra a Coca-Cola, objeto de um litígio entre as marcas no Conar, o tribunal privado da propaganda.

Todo mundo conhece o enredo: uma pesquisa "antropológica" (antropológica?) é feita com dois macacos, obrigados a ingerir Coca e Pepsi. Macaco 1, como não poderia deixar de ser, toma Coca; Macaco 2, pois a Pepsi é "alternativa", vai de Pepsi. Os resultados obtidos com Macaco 1 são prodigiosos: ele aparece afixando, com destreza de operário-padrão, seus pinos coloridos num encaixe.

Já Macaco 2 sumiu. Toca o celular e é ele, óculos escuros a bordo de um jipe na praia, cercado de garotas e latas de Pepsi. A Coca tentou impugnar, alegando que o comercial era ofensivo a seus consumidores. Mas como, se Macaco 1 melhorou, ficou mais inteligente, mais apto, somos tentados a dizer, até, um elemento útil à sociedade?

Toda humanização dos animais traduz um desejo de animalizar os humanos; por isso as crianças, por exemplo, adoram bichos que falam, ou seja, adultos de quem elas pudessem fazer gato e sapato. A publicidade da Pepsi não é ofensiva para os consumidores da Coca, mas para todo o gênero humano; seria preciso um promotor do próprio *Homo sapiens* para confrontar o advogado Saulo Ramos.

O que o anúncio diz é: na sociedade de mercado somos todos macacos, nossas reações são mecânicas, nossas opções são aleatórias e imitativas, nossa vida é darwinista. Quer adotemos o estilo "integrado" ou "alienado" somos macacos. Como nosso produto é B, paródico, derivado, tardio, queremos associá-lo, dá licença, ao segundo estilo. É verdade demais para aquela que deveria ser a mais mentirosa das profissões.

(08/02/1996)

SEMANA SANTA

Se a Bíblia fosse apenas uma obra literária, o Deus do Antigo Testamento seria um personagem condenado a sofrer uma decepção atrás da outra. Ao longo das várias narrativas, o esquema é quase sempre o mesmo. A fim de se certificar da aceitação de sua divindade entre os homens, Deus estabelece uma proibição qualquer, que eles fatalmente violam.

O caso de Jó, que se mantém fiel apesar das provas a que é submetido por conta de uma aposta entre Deus e Satanás, é exceção. Normalmente, Deus é desapontado, torna-se colérico e ameaça destruir a Criação. Nesse ponto um líder da comunidade eleita costuma interceder; Deus volta atrás, há uma espécie de negociação.

O cataclismo é postergado ou então Deus admite que um punhado de justos se salve. Abraão chega a sofismar com Deus, ao perguntar se Sodoma deve perecer ainda que ali haja 50 justos (Deus diz que não), e vai decrescendo o número até perguntar: e se houver apenas dez? Ao final, Sodoma é consumida em fogo e enxofre, Ló e sua família são salvos.

O ancestral mítico da lista de Schindler é a lista de Abraão. A cada negociação dessas, como que contrariado por haver cedido, ou na esperança de evitar novos dissabores caso suas instruções sejam mais específicas, Deus estabelece outros interditos, chegando aos detalhamentos incríveis da lei judaica. Inútil: Deus muda, quem nunca muda é o homem.

O Deus do Antigo Testamento sofre de uma espécie de síndrome do monoteísmo. Numa época em que os povos eram politeístas e a tentação de regredir para crenças arcaicas ainda muito forte, é natural que o Deus único apareça como paranóico, inseguro, ciumento até a brutalidade na sua intransigência em dividir os céus com qualquer outro.

Do ponto de vista literário, a narrativa bíblica contém, assim, uma pedagogia divina, o relato de como Deus evolui, em termos de tolerância e magnanimidade, ao aprender com os erros dos homens. De fato, fora dos mistérios da fé, que finalidade ou sentido poderia ter a Criação exceto o aperfeiçoamento de Deus?

O apogeu da evolução é o Novo Testamento, onde Deus reaparece sem ilusões, "consciente" de que o erro é o estado natural do homem. Deus se seculariza, aproxima-se do erro ao se fazer humano, enquanto sua versão antiga é afastada, tornando-se o "Deus oculto" de Pascal: tão assíduo no Velho Testamento, nunca aparece ao vivo no Novo.

De tempos em tempos, toda religião sofre surtos de fundamentalismo, de retorno às suas origens mais literais e primitivas. Esse mecanismo paradoxal permite que as religiões, ao se voltarem para o passado, renovem-se. Apesar disso, o desenvolvimento que resulta das idas e vindas é sempre no sentido da secularização.

Claro que a Bíblia é um livro religioso, de forma que toda essa interpretação estaria de cabeça para baixo: não é Deus quem evolui, mas a nossa percepção, cada vez mais nítida, embora sempre precária, de sua presença. Nem é tanta diferença assim, pois mesmo para quem tem fé a salvação, como diriam nossos governantes, é um processo.

(04/04/1996)

O FIM DA NOVELA

O auge das novelas de TV foi quando elas descobriram o realismo social, nos anos 70, e passaram a reconstituir costumes, épocas, geografias inteiras. Houve novela sobre escravidão, sobre cacau, sobre gado, praticamente nenhum ciclo econômico ou sub-região escapou ileso. A novela ganhou ares documentais, quase artísticos.

Esgotados os rincões e os sotaques, o gênero entrou em crise, abalado também pelos hábitos fragmentários do telespectador, cada vez mais dispersivo conforme aumenta a competição pelo seu tempo. É só por razões de escala — cada capítulo custa uma ninharia se comparado ao de uma minissérie — que as emissoras continuam impingindo novelas.

A Rede Globo experimenta agora uma forma condensada de novela, no horário de maior audiência. Uma certa tendência a desregionalizar, que já vinha aparecendo em novelas anteriores, chega desta vez aos extremos do sincretismo, como se fosse preciso empacotar um máximo de situações e ambientes num mínimo de tempo — e de paciência.

Não é de agora que a emissora desistiu dos sotaques; parece que a fonoaudiologia mais avançada não conseguiu resolver o problema. Determinou-se, então, que cada ator fique livre para adotar o sotaque da sua preferência. As novelas já não se dividem, aliás, em urbanas e rurais, mas acontecem em algum lugar que não é campo nem cidade.

Coronéis do sertão convivem com punks, lésbicas com senhoras católicas, empresários de celular com boiadeiros, os atores reunidos na cidade cenográfica como se pertencessem a elencos diferentes esperando para gravar diferentes novelas, ou como se cada um tivesse apanhado às pressas a primeira roupa que achou no camarim.

Como estamos acostumados ao argumento, repisado durante anos por intelectuais de esquerda, de que a novela reproduz a nossa realidade social, somos tentados a imaginar que esse ultra-sincretismo, esse amálgama de enredos disparatados e absurdos, corresponde, sem trocadilho, à forma brasileira de globalização.

Isso poderia ser verdade se não correspondesse, antes de mais nada, a um aspecto da evolução do mercado de entretenimento em geral. A mesma coisa aconteceu com os desenhos animados, por exemplo. Zé Colméia ou Pepe Legal viviam em universos delimitados e congruentes, um no Parque Yellowstone, outro no Velho Oeste.

O Mandachuva não saía do seu beco nova-iorquino para catar nozes, nem o Guarda Belo usava pistolas atômicas. Essa lógica interna foi pelos ares, até onde foi possível acompanhar, com os desenhos de Scooby-Doo, chegando à sua forma definitiva com o sincretismo greco-nórdico-oriental dos Cavaleiros do Zodíaco.

Submetidos à pressão crescente do mercado, essas formas de entretenimento perdem seu aspecto "artístico" conforme passam a depender, cada vez mais abertamente, de elementos estranhos à arquitetura interna da "obra". Constrangimentos externos, até certo ponto, afinam essa arquitetura; acima de um limite, porém, o edifício vem abaixo.

(16/05/1996)

NOVA VISITA DA VELHA SENHORA

Nos idos de 1985, um presidente supersticioso e necessitado de apoios decidiu proibir o filme de Jean-Luc Godard sobre a Virgem Maria, cedendo à pressão dos bispos católicos. A protagonista aparecia no filme como jovem moderna, mãe solteira. Às tantas havia uma cena de masturbação, ou que foi vista assim — o filme era de Godard.

A igreja protestou, o filme ofendia os católicos no que lhes era mais precioso. Mas aquela era uma época de grande expansão das liberdades gerais, públicas, especialmente a de se manifestar, o país enojado de tantos anos de oclusão e burrice, de modo que o governo, diante da grita geral, teve de desproibir. E desde então não houve mais censura.

Nossos costumes políticos chegavam ao século XVIII europeu, quando se formulou a idéia, não só de que cada um é livre para se expressar, mas de que a ninguém é dado decidir o que outro ser humano adulto pode ou não ver, ler, ouvir. Essa idéia é tão intuitiva que se confunde com o próprio auto-respeito humano, com o intransponível de cada um.

Existe uma razão mecânica, prática, pela qual a liberdade de expressão deve ser a menos sujeita a embaraços, a mais passível de transbordar em abuso e dano, a que mais concessões merece. Ela abriga esses fantasmas cambiantes que são as idéias, as palavras, as imagens, coisas impalpáveis que não se prestam a régua e esquadro.

É a garantia de que haverá mudanças, persuasão recíproca, evolução nas demais liberdades e direitos. Por meio da liberdade de expressão o conhecimento se dissemina, a política bem ou mal é renovada, as pessoas se libertam de seus limites cotidianos, a sociedade se vivifica. Tudo isso ficara mais ou menos estabelecido em 1985.

Dez anos depois, a situação se alterou radicalmente: Tiririca em vez de Godard, quem quer censura é o movimento negro em vez do episcopado, quem a implanta é o Judiciário e não mais a ditadura. As razões da nova censura são muito mais aceitáveis; em torno delas existe até certa concordância tácita, certo silêncio obsequioso.

A "causa" não poderia ser pior. A música proibida é péssima, sua voz narrativa é racista, sua difusão tem sido maciça e atinge principalmente crianças, público obviamente imaturo para reivindicar plena liberdade de expressão. E por mais que Godard esteja em refluxo crítico, ainda não dá para comparar Tiririca ao cineasta francês.

É por ser quase folclórico que o caso Tiririca merece discussão, a sua importância está precisamente na sua desimportância. Ninguém seria doido a ponto de pretender censurar as comédias insultantes de Aristófanes, a teoria política detestável de Joseph de Maistre, a peça anti-semita de Shakespeare, *O Mercador de Veneza*.

Mas é nas situações de franja, nos casos duvidosos e com os quais não vale a pena se importar, porque afinal o autor é só um palhaço e sua canção uma bobagem — é aí que se verifica o quanto o direito à livre expressão está implantado numa sociedade, o quanto essa sociedade está disposta a pagar, em tolerância, para mantê-lo intacto.

Sabemos que o Brasil é racista, como todo país etnicamente heterogêneo, que nosso racismo é insidioso porque se dissolve no abismo da desigualdade e se disfarça na "pessoalidade" da nossa formação social. Mas é censura: voltamos a varrer para debaixo do tapete, a silenciar o que incomoda; parabéns: voltamos a proibir.

(08/08/1996)

SEM MOVIMENTO

Os balanços de fim de ano ressaltaram, entre as perdas de 96, os Mamonas e Renato Russo. Por que não existem movimentos culturais como os de antigamente? Russo era um trovador notável, muitas vezes autêntico poeta, mas esteve longe de formar um "movimento", justo ele que detestava qualquer rebanho.

Temos modismos fulminantes, como os Mamonas, tantos quanto verões, e essas trajetórias à parte, como a estrela de Renato Russo, mas nada que se compare à bossa-nova ou ao tropicalismo. Surgiu um novo cinema, uma tendência frouxa de autores meio ecléticos, quase o oposto do que foi o Cinema Novo.

Recentemente foram celebrados os 40 anos do concretismo — por estranho que pareça "celebrar" um movimento iconoclasta, que cultivava a idéia de ruptura. Ficou uma sensação nostálgica de polêmica requentada, um fascínio por uma época ao alcance da mão, mas já perdida, em que as coisas "aconteciam".

Claro que a visão que nós temos dos anos 50 e 60 — uma febre de novidades relevantes, uma efervescência de idéias, grupos programáticos que dialogavam intensamente —, essa visão é retrospectiva, formada só depois que a poeira baixou. Ninguém sabe, por definição, o que está acontecendo na sua própria época.

A inexistência de movimentos articulados, de "propostas", como se dizia, pode até ser sintoma de algo positivo, de uma sociedade que se desprovincianiza. São Paulo da peça *Roda Viva* ou o Rio do show *Opinião*, por exemplo, eram cidades em todos os sentidos mais restritas e acanhadas do que são hoje.

O circuito cultural era pequeno o bastante para que as atenções se concentrassem sobre poucos eventos de cada vez; havia muitos tabus a quebrar; estava disponível um público escandalizável; o gosto se cristalizava em movimentos. Em situações de transição, o provincianismo só aumenta a voltagem da corrente cultural.

Quem ainda se lembra dos festivais de música da Record guardou, com certeza, aquela atmosfera, que era a mesma no teatro, nas artes plásticas, no cinema: a cidade parava, dividida entre duas canções favoritas, cada uma representando tendências opostas, duas maneiras de conceber a evolução da cultura popular.

A partir de um certo nível, porém, de diversificação, de quantidade, já não é possível obter divisões plebiscitárias, o público se desfaz em guetos, cada um vai cuidar da própria vida. Isso é bom na medida em que possa significar mais opções, maior pluralidade, melhor qualidade, mais desenvolvimento, enfim.

É ruim porque, como toda perda de inocência, o fim de uma cultura provinciana leva embora uma confiança na própria originalidade, uma proximidade entre arte e vida, uma inventividade fácil que não voltam mais. Não existem "movimentos" porque eles não são necessários, nem mesmo possíveis.

(02/01/1997)

TV UTOPIA

A propósito de recentes "excessos" na guerra pela audiência aos domingos, voltou-se a discutir a conveniência de algum controle sobre a televisão. Esse é um dos temas que vão e vêm; a novidade agora é que a iniciativa não partiu, como das outras vezes, da extremidade mais conservadora no espectro das opiniões.

Saem as "Senhoras de Santana", grupo do subúrbio paulistano que nos anos 70 pressionou pela "moralização" da TV, substituído agora por intelectuais convidados a debater o problema pela deputada Marta Suplicy (PT-SP). Nem censura, nem auto-regulação, a idéia é estabelecer um "controle social" que ninguém sabe definir.

A presença de Marta Suplicy à frente da iniciativa ilustra bem a diferença em relação ao passado. Como sexóloga, ela utilizou a televisão ao protagonizar um programa polêmico na época das "Senhoras de Santana". Como parlamentar, ela tem sido a mais atuante adversária da moralidade patriarcal incrustada no Congresso.

Já se especulou que, com a nova campanha, a deputada amplia sua ação para além do gueto das "minorias de poder", minoritárias também, infelizmente, do ponto de vista eleitoral. Ela responde que a sua militância por esclarecimento e igualdade sexuais é o contrário da livre reprodução de estereótipos que vemos diariamente na TV.

Vamos admitir que a idéia de censura esteja efetivamente descartada, exceto no que se refere a proibições por faixas de horário, aceitáveis numa democracia, embora inócuas na prática. E ainda assim, resta o problema da qualidade da programação, considerada péssima como um todo, seja ela "moral" ou "imoral".

Claro que quem a considera "péssima" é uma minoria, por numerosa que seja. A crer nos índices de audiência (caixa-preta que mereceria, aliás, uma investigação), a maioria está muito satisfeita com o que recebe: sentimentalismo barato a domicílio e de graça. É preciso, portanto, dar opções ao público, insistem os críticos.

Por meio da TV a cabo, a tecnologia tornou esse sonho possível. O resultado é que em vez de escolher entre 6 canais lamentáveis, o consumidor tem 60 possibilidades, igualmente lamentáveis, entre as quais dispersar seu tempo. Parece haver uma lei intrínseca ao veículo: programa que não é ruim, é desinteressante, e vice-versa.

A qualidade da programação é determinada pela base demográfica, ampla demais. Tudo indica que é antieconômico manter uma emissora de alta qualidade, seja isso o que for. Uma das propostas em debate — com leve sabor macartista — é que a pressão seja exercida não sobre o governo ou emissoras, mas sobre os anunciantes.

O problema é que a maioria também tem direito à sua própria opinião sobre o que é "bom" e "ruim", as pessoas que se submetem aos shows de auditório têm o direito de dispor de sua própria "dignidade". Capitalismo não é isso? Uma TV sabidamente "ruim" é menos perigosa, talvez, do que essa TV Utopia com a chancela do "controle social".

(13/11/1997)

CARISMÁTICOS E CIA.

A origem das duas seitas religiosas de maior sucesso atualmente — a Igreja Universal e o ramo carismático da Igreja Católica — é a mesma, os Estados Unidos. Coração material do mundo, nada mais normal que os Estados Unidos passem a ser também a sede do espírito, ainda mais quando a religião se monetariza.

Dizem que o protestantismo favorece a acumulação de bens, que Max Weber teria provado que o capitalismo depende de alguma disciplina calvinista como requisito. Mas a relação entre as duas coisas, entre economia e cultura, sempre é, como insistia o próprio Weber, mais complexa, simultânea e tortuosa do que parece.

No protestantismo clássico, a austeridade é uma virtude e a riqueza um sinal da graça divina. Conjugadas, as duas idéias favorecem os negócios, mas de maneira lenta e indireta, mediada pela vivência religiosa. A principal mudança introduzida pela indústria neoprotestante dos nossos dias foi encurtar essa distância.

Num mundo cada vez mais "desencantado", pragmático, a nova religião estabelece ligação direta entre a fé e suas recompensas, convocadas para hoje, para já. Estamos certos ao pensar que se trata de religião materialista; no fundo, é somente por inércia que continuamos a chamá-la de religião em vez de técnica de auto-ajuda.

No entanto, nada menos materialista do que transes, possessões, exorcismos etc. Todo pragmatismo tem de aspirar à racionalidade, mas o que há de racional na volta ao gigantesco baú de badulaques e mandingas do passado, cornetas de papel dourado na Igreja Universal, balangandãs ultracatólicos entre os carismáticos?

Uma reportagem na revista *Veja* mostrou como a mentalidade do toma-lá-dá-cá se instalou entre os carismáticos, que pareciam cristãos de catacumba até poucos anos atrás. Como conciliar materialismo e superstição, como explicar que as novas seitas estejam preenchendo o suposto vazio de espiritualidade da Igreja "progressista"?

A ciência destruiu parte das nossas crenças e modelou as restantes à sua própria imagem: quase ninguém mais acredita num velhinho barbudo e bondoso em disputa contra seu ex-discípulo de chifres, mas ainda é perfeitamente possível acreditar numa força superior, numa forma de energia semelhante aos raios gama.

De um lado, a ciência reduz a religião ao nível da natureza; de outro, a vida cotidiana foi absorvida inteiramente na esfera das trocas. O resultado dessa combinatória é uma desconcertante regressão ao estágio animista, o modelo de religião de nossos antepassados pré-monoteístas e dos atuais povos da floresta.

Menos do que num Deus a quem prestar contas no fim da contabilidade moral, a religião volta a se concentrar (na verdade, a se diluir) num pequeno comércio com a divindade outra vez presente no dia-a-dia. Materiais e espirituais ao mesmo tempo, os velhos deuses baixam à terra e são recebidos com estrondo.

(09/04/1998)

MEIA-OITO

Maio de 68 está merecendo extensa cobertura nos jornais, revistas e TV. Somos lembrados (ou ficamos sabendo) da impressionante massa de eventos surpreendentes, destinados a virar símbolos, daquele ano mágico. Tudo parecia imantado pela revolta contra as estruturas que contaminou a juventude no mundo inteiro.

Explosiva e efêmera, essa revolta derrubou barreiras que nunca mais seriam reerguidas. Visualmente, o mundo em que vivemos se divide em antes e depois de 68: roupas, cores, modas, propaganda, cortes de cabelo, tudo se desorganizou para sempre. O informalismo nas relações pessoais, inclusive em matéria de sexo, venceu em 68.

Têm razão os críticos que ressaltam o paradoxo de uma rebelião anticapitalista (e anticonsumista) que, ao derrubar interditos e tabus que protegiam/oprimiam o indivíduo, expôs toda a esfera da vida pessoal, até então mais ou menos incólume, à radioatividade da mercadoria, com o resultado que hoje vemos a nosso redor.

Claro que aumentou, e muito, a latitude da liberdade pessoal, mas só aparentemente aumentaram as possibilidades reais de escolha. Os mecanismos hierárquicos logo se recompuseram, embora sob aspecto mais fluido, e os mecanismos do mercado se encarregaram de transformar os sonhos em produtos na prateleira.

Tudo isso foi mencionado na efeméride como fatalidade das utopias (e 68 foi talvez a mais generosa delas), que só existem enquanto não se cumprem sob a forma de sua perversão. Mas, ao lado das vantagens que o espírito de 68 acarretou, oxigenando o mundo, existem seqüelas ocultas sob a visibilidade da mercadoria.

Ficou muito fácil discerni-las agora, não só porque o tempo passou, mas porque entre nós e 68 se interpôs outro fenômeno histórico — nem é preciso repetir qual — que virou de cabeça para baixo toda a nossa visão sobre o mundo, inclusive sobre 68, mais ou menos como se as lentes de um instrumento ótico fossem invertidas.

O personagem do cartunista Angeli encarna essa transmutação da virtude em vício, do idealismo em pilantragem, da militância em ócio etc. Algo de paralelo aconteceu no plano coletivo, à medida que os valores de 68, perdido o heroísmo da revolução, foram rotinizados, tornando-se eles mesmos instrumentos de outros fins.

68 instalou, por exemplo, a enorme ênfase na imaginação e na espontaneidade em detrimento do saber acumulado e da argumentação racional. É odioso admitir, mas toda a crise da educação, com a irrupção de uma espécie de analfabetismo alfabetizado, repousa em grande parte sobre essa conquista.

O culto aos sentimentos tornou-se uma fórmula vazia, a destruição do passado deu ensejo à presentificação do tempo, a libertação tornou os indivíduos mais homogêneos do que nunca, apesar da diversidade de aspecto. Não que as idéias de 68 fossem irrealistas demais para o homem; o contrário é que é mais provável.

(14/05/1998)

O IMPÉRIO CONTRA-ATACA

Globo e Abril vêm se digladiando, com a delicadeza que se pode esperar de grandes corporações, pelo loteamento do mercado de TV por assinatura. Mais que o dobro do tamanho da rival, a Globo é um império asiático na TV aberta que estende competentes tentáculos em rádio, jornal, revistas e uma constelação de empreendimentos interligados.

Com o lançamento de sua própria revista semanal de informações, a Globo passa a dar combate no reduto da Abril, a revista *Veja*, no que se afigura uma longa guerra de desgaste. Repete, para ficar no imaginário militar, a manobra dos romanos contra Cartago, no momento crítico em que Aníbal invadiu a Itália.

Em vez de derrotar o invasor na península, os romanos decidiram mandar uma expedição direto contra Cartago, do outro lado do Mediterrâneo, obrigando Aníbal a retornar a fim de salvar a cidade. Com a ressalva da desproporção, é o que a Globo tenta agora contra a Abril, que desvia atenção e recursos para defender sua "capital".

A opinião pública deveria se beneficiar com isso: três revistas nacionais, em vez de duas, significam em tese um acréscimo de opções e enfoques, um incremento da diversidade. Em termos. O surgimento de uma competição profissional, mercadológica, entre os meios de comunicação é um fenômeno de duas faces.

A competição acelera a melhoria técnica das publicações, instala uma cultura de modernização recíproca e força a ampliação dos grupos de consumo, no caso, de leitura. Ao mesmo tempo, ela esvazia a identidade programática dos veículos, torna nubladas as diferenças entre eles e pode eventualmente levar a um pluralismo de fachada.

As publicações perdem o caráter de partidos de idéias, convergindo para uma média estatística e anódina. Paradoxalmente, a capacidade de renovação pode entrar em colapso: ninguém foge ao modelo por medo de perder pontos de mercado; as pesquisas não conseguem mostrar o que o público ainda não sabe que quer.

Tudo indica que a revista *Época* será muito semelhante à *Veja*, provavelmente com menor ênfase em temas institucionais e tratamento algo mais "popular" dos assuntos. Mas essa tem sido a tendência da própria *Veja* nos últimos anos, para não dizer que é a tendência em quase toda a mídia, aqui ou no exterior.

É difícil aferir o que é "melhor" ou "pior" em jornalismo, essa percepção depende de fatores subjetivos, parte inconscientes, parte extrajornalísticos. A Globo não precisa fazer uma revista "melhor" que a da Abril, basta que seja parecida. Do resto se encarrega a maior máquina de propaganda do país: o "horário nobre" da Globo.

Dada essa configuração, *Veja* e *IstoÉ* estão investidas do crédito de resistir, por razões de mercado, à propensão da Globo para se converter em monopólio da comunicação. Com menor tradição de dependência política e maior de qualidade editorial, tomara que a Abril não ceda à competição pelo nivelamento.

(21/05/1998)

O TAMANHO DA MULHER

Em meio a tantos assuntos mais importantes ou mais urgentes, uma manchete de página chamava a atenção, esses dias, pelo insólito do enunciado: "Clitóris é maior do que se sabia". Certo de que a revelação despertaria curiosidade universal, o editor deu tratamento destacado ao estudo de pesquisadores australianos.

Como costuma acontecer com essas descobertas científicas quando são publicadas, é preciso esperar que outros testes confirmem cabalmente a novidade. Mas um achado capaz de alterar nosso conhecimento da anatomia humana, vasculhada há séculos, já seria notícia; mais ainda quando se refere a órgão tão carismático.

O que os pesquisadores apuraram é que os segmentos externo e interno do clitóris somam 3 cm. Descobriram ainda prolongamentos ocultos que chegam a 9 cm, irradiando-se pela região genital numa estrutura nervosa maior e mais complexa do que se supunha, e na qual a parte visível é somente a ponta de um tórrido *iceberg*.

O clitóris é provavelmente a região menos conhecida do corpo humano, sua última fronteira. Descoberto no século XVI pelo italiano Mateo Realdo Colombo (sem parentesco com o outro descobridor de continentes), ele só começou a merecer alguma atenção clínica no final do século passado, quando se passou a considerar a histeria como afecção nervosa e não mero fingimento.

Até duas ou três gerações atrás, a maioria das próprias mulheres não se dava conta da sua função, eventualmente nem sequer da sua existência. Ele foi uma "invenção" social do século XX, como o automóvel e a pílula, que ao longo das décadas só fez crescer em importância e agora, como vimos, também em tamanho.

No relatório Kinsey (1948), o primeiro levantamento estatístico sobre a sexualidade humana, o clitóris ocupa posição ainda secundária. Foi preciso esperar a agitação feminista dos anos 70 para que ocorresse, com o relatório Hite (1976), sua entronização como sede não apenas principal, mas exclusiva, do prazer sexual da mulher.

Ora, para as feministas a questão do clitóris é crucial. É o único órgão que só serve para dar prazer. Seu império outorga enorme autonomia à vida erótica da mulher, com sugestões inquietantes, masturbatórias e lesbianas, reduzindo o espetáculo sexual masculino — a penetração — a *intermezzo* dispensável, talvez aborrecido, da trama.

No modelo definido por Freud, a excitação clitoridiana corresponde a uma fase primitiva do desenvolvimento da libido, a ser abandonada pela excitação vaginal na mulher adulta. O clitóris não passa de vestígio atrofiado do pênis. Cumpre à mulher substituí-lo pela vagina no mesmo passo em que substitui a mãe pela figura do pai.

A mulher deveria renunciar até a seu "pequeno falo", na expressão de Freud, para ser recompensada com um bebê. Tudo indica — desde logo o que dizem as mulheres numa época de franqueza sexual como a nossa — que as feministas tinham razão. A ciência reflete a cultura, e o clitóris atinge enfim a paridade com o pênis, tão almejada.

(06/08/1998)

SUPERAÇÃO DA INFÂNCIA

Existe um abismo entre o mundo dos adultos e o das crianças, abismo que fingimos encobrir com todo o repertório de idéias feitas sobre a "inocência" infantil. Para os adultos, as crianças são sempre as mesmas, congeladas no tempo mitológico das nossas memórias recalcadas, e no entanto as crianças, como tudo mais, evoluem.

Quanto mais os adultos se distanciam, em resultado do esvaziamento da vida em família, das crianças, tanto mais precocemente elas se socializam e por assim dizer "adultizam". Não é tão absurda a pergunta, formulada por um articulista a propósito da virada do milênio, sobre se haverá crianças no século XXI.

Essa "adultização" está sendo impulsionada por dois fatores poderosos. Um deles é que pela primeira vez na história os adultos assumem que o jogo de ganha-e-perde material é a medida única de todas as coisas. Só vale o que for conversível em valor econômico. Isso desbarata metade das fantasias que vicejavam na infância.

O restante da "inocência" infantil — a rede de tabus sexuais — foi severamente abalado pela epidemia de Aids. O modo de transmissão dessa doença faz sua prevenção depender de um grau inédito de conhecimento público sobre a mecânica das relações sexuais. As crianças começam a se perguntar sobre camisinha aos 5 anos.

Mas continuam sendo crianças. É esse choque da experiência não inocente, mas inaugural, da criança jogada no mundo de cálculo e frieza dos adultos o que mais ressalta no desenho animado *South Park*, em exibição na TV brasileira desde o ano passado. O desenho se tornou *cult* entre adultos, mas há fanáticos de 11 anos.

Num traço tosco, como se fosse produto de alguma mão de criança, *South Park* mostra a vida de quatro coleguinhas de escola numa cidade típica do interior americano. Eles estão completamente imersos, já, na linguagem e na temática dos adultos — estupro, lesbianismo, matança de animais, lutas de poder burocrático etc.

Como se fosse um retorno do inocente, porém, são assuntos que eles compreendem de maneira deformada, irrealista, psicótica. Na distopia de *South Park* a banalidade adulta do mal é um espelho em que se miram as próprias crianças. O desenho parece tão indecente porque para seus autores a humanidade nunca "melhora".

Na psicose das crianças haveria a semente de alguma rebeldia não fosse *South Park* um mundo integrado, reiterativo como a sina do menino Kenny, que morre de alguma morte pavorosa em todo capítulo para voltar intacto no capítulo seguinte. Coisas medonhas ocorrem em *South Park*, nunca coisas traumáticas.

Os tipos de Charlie Brown, nos anos 70, eram "neuróticos", melancólicos, como se expressassem o realismo de uma primeira decepção das crianças ao despencar no mundo adulto. *South Park* sintetiza talvez o passo seguinte na indiferenciação entre crianças e adultos, infantilizados e "adultizados" simultaneamente.

(18/02/1999)

POETA DE NOVELA

Mesmo numa dramaturgia de consumo leve, como a novela de televisão, tão limitada pelas balizas do entretenimento, da audiência e do comércio, Dias Gomes soube injetar grandes momentos, personagens inesquecíveis. Estas não eram apenas dotadas de tipicidade e empatia popular, mas encarnavam diagramas sociais.

O melhor exemplo é Odorico Paraguaçu, que aliava, à brutalidade dos métodos, certa ternura e uma inequívoca lubricidade, ligadas ambas à "pessoalidade" do patriarcado brasileiro. Quem não reconhece traços do ectoplasma de Paraguaçu no pós-coronelismo do qual o governo é hoje um protetorado?

Já que está na moda falar em desenvolvimentismo dos anos 50, Dias Gomes é uma expressão legítima, apesar de subsidiária no teatro, e tardia na televisão, daquele espírito. A idéia, numa simplificação feroz, era que o Brasil devia novamente voltar-se para si mesmo e forjar uma aliança interna capaz de debelar o subdesenvolvimento.

O cenário das novelas rurais (as melhores) de Dias Gomes é um Brasil atrasado, parasitário, "carcomido", como se dizia nos anos 30, contra o qual avultam massas populares ávidas de emancipação, embora presas, ainda, a crendices idiotas. Numa faixa intermediária, estão jornalistas, intelectuais etc. "progressistas", amigos do povo.

Estrutura semelhante aparece, numa forma muito mais complexa e ambígua, no cinema de Glauber Rocha. A corrente artística de inspiração progressista-comunista, ligada aos Centros Populares de Cultura no começo dos 60, desembocou nas novelas da Globo: Dias Gomes é o elo perdido na crônica desse deslocamento insólito.

Ironicamente, conforme já foi observado, o projeto inicial de um teatro popular para as massas teve consecução sob a ditadura do mercado, do humor e do ibope. Essas limitações não o desfiguravam, porém; antes o petrificaram numa fórmula, cuja base a ditadura militar ia varrendo para o cesto de lixo da história.

Foi no vazio dos anos 70 que Dias Gomes ocupou seu lugar de direito na imaginação dos brasileiros. Transfigurada pelo entretenimento, sua dramaturgia política era destilada em doses precisas de lugar-comum em cada lar brasileiro, embora a geometria de seu esquema já fosse uma caricatura mais ou menos inofensiva.

A industrialização foi completada sob um regime antipopular, a integração entre os dois brasis não aconteceu, a modernização agravou antigas seqüelas, é possível ser desenvolvido e subdesenvolvido ao mesmo tempo. Esse choque paradoxal, essência do regime militar, não terá escapado, porém, a Dias Gomes.

Logo depois de *O Bem-Amado*, que ainda conserva uma unidade mítica, suas novelas passam a incorporar, sob o alegado disfarce de "realismo mágico", dissonâncias e perturbações, numa dislexia indicativa de que as coisas saíam dos eixos. Mas já então as novelas passavam a obedecer incondicionalmente ao mercado.

(20/05/1999)

BIODEMOCRACIA

Com o debate sobre alimentos transgênicos e sobre o episódio da ovelha Dolly, a engenharia genética começa a se transferir da ficção científica para o cotidiano das pessoas. É normal que, em assunto tão técnico, todos se voltem para os especialistas à espera de seu veredicto. Mas eles parecem longe de chegar a algum consenso.

Há uma dimensão do debate, porém, que é essencialmente leiga, que extravasa o ambiente científico por dizer respeito a todo ser humano, na forma das implicações morais contidas na manipulação de genes. Podemos alterar o patrimônio genético da natureza e pretender ficar imunes às conseqüências? Podemos alterar o nosso?

Os entusiastas da engenharia genética acreditam que ela aumentará a produção e a qualidade dos alimentos, reduzirá seu custo, permitirá imunizar contra pragas e doenças. Embora admitam a necessidade de controle público sobre o emprego dessas técnicas, eles confiam que seu uso virtuoso resolverá problemas milenares.

Seus antagonistas, que vão dos céticos aos apocalíticos, enfatizam o imprevisível dos riscos. Ao interferir no mais sagrado dos santuários, o código genético dos seres vivos, o homem estará produzindo repercussões aleatórias capazes de desencadear efeitos devastadores para o equilíbrio do sistema e para o próprio homem.

Ecologistas radicais pensam em termos de uma "Declaração Universal dos Direitos das Espécies", numa atualização do jusnaturalismo clássico que propõe dilemas interessantes. Recentemente, por exemplo, noticiou-se que o vírus da varíola fora destruído nos laboratórios e a espécie varrida da face da Terra.

Podemos erradicar uma espécie, isso não é definido nos nossos códigos como genocídio? Mesmo de um ângulo egoísta: não nos arrependeremos um dia de ter fulminado o vírus da varíola? Uma forma geneticamente alterada da Salmonella, uma das bactérias mais nocivas ao homem, está sendo testada para tratar tumores.

Essas indagações morais estão deixando de ser especulação acadêmica. Tornam-se ainda mais dramáticas quando se pensa na engenharia genética aplicada a seres humanos. Ninguém será contrário à correção genética de doenças hereditárias, nem pode haver conseqüência grave na prevenção, por exemplo, da miopia.

Serão lícitas, entretanto, alterações que permitam, como no filme *Gattaca* (direção de Andrew Niccol, 1997), produzir bebês mais inteligentes ou empreendedores? O problema é estabelecer fronteiras entre as intervenções de "correção" e as de "melhoria". Mas será tão absurdo pensar que o ideal democrático culmina na igualdade biológica?

No meio de tantas dúvidas, o certo é que a humanidade só restringiu o uso de alguma descoberta científica uma vez: foi neste século, ao abster-se do emprego de armas nucleares. O que leva a supor que será necessária uma ameaça concreta, notória e global para que o avanço da engenharia genética seja, não detido, mas limitado.

(22/07/1999)

RÉQUIEM PARA A LIBERTAÇÃO

Os católicos estão comemorando, com justa razão, os espetáculos de massa realizados no recente feriado religioso. Estes vieram coroar, em escala nacional, os ensaios já bem-sucedidos no âmbito localizado, provando o acerto da opção por fundir o culto romano com as técnicas que haviam alavancado os evangélicos.

Após um momento de hesitação em face do desempenho feérico dos padres não mais "de passeata", mas do show biz, o episcopado compreendeu que estava ali a saída. Administrar o ego desses sacerdotes, que poderiam encher-se de exigências, compensava, e as próprias celebridades tinham interesse em cooperar.

Com o sucesso da estratégia, firma-se também a idéia de que o erro anterior fora negligenciar os aspectos místicos e participativos, suposta chave do êxito evangélico. Ora, essa noção é equivocada. Mística nas aparências, a fé evangélica é materialista e se traduz na obtenção de vantagens por meio de disciplina e abstinência.

O verdadeiro motor de sua difusão invejável, que os ritos católicos procuram agora mimetizar, é a consonância com o atual espírito do capitalismo, que deixa cada indivíduo à mercê de seu próprio valor de mercado, como se os pastores teleprotestantes trouxessem ao povo as tábuas já não da Lei, mas do Capital.

Quanto ao aspecto "participativo", ninguém o propiciou tanto quanto a Teologia da Libertação, florescente sob João XXIII e Paulo VI, hoje extinta ao cabo da meticulosa dizimação que é o grande feito de João Paulo II. O dilema nunca esteve entre material e espiritual: os católicos de esquerda eram "materialistas" como os evangélicos.

O dilema era entre salvação coletiva e individual, com a hoje evidente vitória desta última. Compreendido o ponto, a religião volta a ser o que sempre foi, manifestação alegórica de algum fenômeno social oculto. Enquanto crescer a mentalidade capitalista, crescerão as seitas evangélicas e sua réplica católica.

Completada a grande obra, é o caso de perguntar o que fracassou na Teologia da Libertação. Ao estabelecer uma ponte entre a solidariedade original do cristianismo e as angústias sociais da economia moderna, ela parecia mais um exemplo do mecanismo de sobrevida das religiões, que se renovam voltando ao próprio berço.

Mas a Teologia da Libertação era antes uma sociologia do cristianismo que secularizava a eternidade, dissolvendo pecado e remissão na estrutura social. Quando a salvação coletiva se revelou uma quimera, confirmando-se inesperadamente que poucos seriam os escolhidos, ela ruiu, restando ao papa atual varrer seu entulho.

Foi o mais sério esforço racional jamais empreendido pela Igreja, o de conceber que na raiz do sofrimento estão formações históricas que poderiam ser transformadas. Seu fracasso mostra que a barganha entre razão e fé tem limites intransponíveis e que, num mundo de ponta-cabeça, a sociologia tomou o lugar da metafísica.

(21/10/1999)

LIVROS

CELEBRIDADES

A moda das biografias é quase um transtorno. Acostumados a pouco mais que a leitura de outdoors, somos compelidos pela fiscalização de amigos e pela insistência da imprensa a encarar um desses oceanos biográficos. Mas no meio da tarefa já lançaram outro, ainda mais imperdível que o anterior. Chega um ponto em que não sabemos mais se a amante argentina era de Nelson Rodrigues ou de Chatô, se foi Mauá ou Roberto Campos o autor de *Exposição aos credores*. O que fica nítido na memória são instantes ainda mais minúsculos, como restos do naufrágio que toda vida é.

Não que as biografias sejam inúteis. Estas, da última safra, são aliás excelentes, além da vantagem de iluminarem períodos turvados pelo que mal-aprendemos na escola. E quanto mais longas, mais são lidas, confirmando a intuição de que livro bom é o livro enorme, interminável. Um dos prazeres da leitura, no entanto, é abandonar um livro pela metade. Na nossa época de analfabetização em massa, essa tentação é um risco iminente contra o qual o autor tem de se defender a cada página, a cada parágrafo.

O resultado é que as vidas se roteirizam, cheias de incidentes rocambolescos, diálogos picantes, suspense e aventura. Os autores reconstituem detalhes e conversas íntimas que aconteceram há 50 anos; os personagens tropeçam com a história na esquina. São livros que já nascem filmes.

Carla Camurati não pretende filmar *A lanterna na popa* (Roberto Campos, Topbooks), nem a Globo, espero, vai lançar a minissérie *Mauá* (Jorge Caldeira, Companhia das Letras). Mas os biógrafos deveriam ser homenageados como heróis da resistência literária e os *best sellers* como as últimas trincheiras de uma guerra vencida pela civilização visual. Porque a mania das biografias é apenas manifestação escrita, residual, de um fenômeno mais amplo, o narcisismo irrefreável e galopante que assola o mundo. Quanto mais livres para sermos nós mesmos, mais precisamos de modelos; quanto mais alternativas diante de nós, mais estreito é o futuro.

O fim dos interditos sexuais abre novas perspectivas para o tititi das biografias; pesquisas em cabeleireiros mostram que há manicures e patroas em número suficiente para justificar a existência de revistas que são pasto biográfico para os iletrados. Tanto o leitor de Roberto Campos quanto a aficionada pela revista de fofocas conhecem detalhes da vida de Madonna. A curiosidade em torno da biografia dos que parecem ter uma vida que vale ser vivida torna-se obsessão universal.

Há algo de desesperado na mania de pedir autógrafos, por exemplo. Nesse momento delicado no malabarismo da auto-estima, uma eventual recusa deflagra toda a ira recalcada pela admiração, toda a revolta contra uma existência sacrificada no altar do ídolo.

Assim como os canibais, o fã espera extrair da revista, do autógrafo, uma parte da vida da celebridade para com ela repor o que falta à sua própria vida. Mas a celebridade também está vazia, isolada numa suíte de hotel, sem saber se pede uma pizza, liga a televisão ou abre a última biografia recém-comprada no aeroporto.

(18/05/1995)

ESTÚPIDAS IDÉIAS

O regime militar (1964-1985) está no centro de dois livros recém-publicados, livros díspares escritos por dois autores que não poderiam ser mais antípodas um em relação ao outro. Mas suas visões são de tal forma complementares que valeria a pena tentar aproximá-los para iluminar essa época estranha, ao mesmo tempo recente e remota.

Jarbas Passarinho foi o estadista mais completo produzido pelo regime. Coronel do Exército, leitor de Anatole France influenciado pelo lacerdismo e pela doutrina social da Igreja, anticomunista feroz, ele foi ministro de três governos da ditadura e quase o seu ideólogo. Assinou o AI-5, em 68, mandando "às favas os escrúpulos".

Com a democracia sua imagem suavizou-se, deram-lhe os títulos legítimos de político respeitável e coerente, sobreviveu incólume, até, a uma segunda estadia no inferno, o do ministério Collor, quando o *establishment* se engajou numa operação SOS, o *impeachment* uma experiência temerária demais para ser vivida. Publica agora suas memórias (*Um híbrido fértil*, Expressão e Cultura).

O outro livro é o novo romance de Marcelo Rubens Paiva (*Não és tu, Brasil*, Mandarim), autor de um *best seller* com autenticidade literária, escritor de uma linha que se poderia chamar de *beat* brasileiro. Se a vida de Passarinho se entrelaça inevitavelmente com o regime militar pela carreira, a de Paiva é atraída ao passado pela família.

Seu pai, um deputado liberal com idéias de esquerda, tornou-se a mais célebre vítima dos "desaparecimentos" praticados pelo regime. Sua irmã, Veroca, foi a principal dirigente estudantil no "anônimo" movimento de 77. A família era proprietária no Vale do Ribeira, a região mais pobre de São Paulo, quando Lamarca montou um foco de guerrilha lá.

Embora o livro de Passarinho sejam memórias no estilo tradicional, em que o autor apresenta os argumentos sobre por que agiu de tal maneira, enquanto o de Paiva condensa lembranças, reportagem e ficção, estão ambos voltados para o mesmo ponto, tratam às vezes dos mesmos episódios. Irônico e melancólico, o confronto entre eles ensina.

Difícil negar várias coisas: que a industrialização se completou, que a economia cresceu, que o país se tornou urbano, que as distorções sociais se agravaram, que a tortura é uma mancha indelével, que ditadura nunca mais etc. Mas o que ressalta nos dois textos é o vazio daquele imenso confronto, que seria frívolo não fosse pelas mortes.

As palavras de ordem e as ordens do dia, as fantasias de lado a lado, reflexos das gigantescas fantasias armadas entre o Bem e Mal no mundo, comunismo *versus* anticomunismo, tudo isso foi para a lata de lixo tanto quanto o DKW ou a calça boca-de-sino. Exceto pelo sofrimento, era como se todo mundo brincasse de mocinho e bandido.

Aquela foi provavelmente a última ditadura. Aquele Brasil provinciano, familial, não existe mais. Acusados de céticos, não fazemos mais que a obrigação ao desconfiar de certezas internacionais, não ligar para a política ou ter em mente que são pouquíssimas as coisas que justificam matar ou morrer — e que nossas estúpidas idéias não estão entre elas.

(18/07/1996)

O SILÊNCIO DE RADUAN

> "A larva só me parece sábia enquanto se guarda no seu núcleo".
>
> (Raduan Nassar)

Por que Raduan Nassar parou de escrever? Essa pergunta com ares novelescos continua um enigma inexplicado. Depois de se preparar por 20 anos, a consagração veio junto com a estréia no lançamento do romance *Lavoura arcaica* (José Olympio, 1975), seguido de outro êxito atordoante, a novela *Um copo de cólera* (Cultura, 1978).

No auge de uma carreira recém-começada, as traduções de vento em popa, quando seus leitores antecipavam proezas ainda maiores que estavam por vir, de repente o escritor paulista anunciou que passava a arar outras terras, trocava a literatura pela agricultura, o que foi festejado como mais uma metáfora do mestre.

Mas não, a decisão era literal, quer dizer, agrícola. Raduan Nassar se exilou num sítio onde se ocupa até hoje de sementes, tratores, fertilizantes. Fala de literatura o mínimo possível, escarnece de escritores e críticos, e logo volta ao assunto principal: o preço do milho, o problema do caruncho, a chegada da entressafra.

Golpe de marketing numa época em que a literatura, estertorante, precisa fazer dos escritores personagens de show biz, com as esquisitices reclusas de um Michael Jackson — foi o que muitos pensaram. Nada disso; é para que o deixem em paz, ele está escrevendo sua obra definitiva, respondiam outros.

O silêncio de Raduan virou uma encantação, um mistério quase policial. Já teria dito o que tinha a dizer? Dedicava-se agora a uma espécie de antiliteratura, a fim de denunciar, pelo mutismo, o embuste das vaidades literárias, da indústria da fama? Descobrira algo que não valia a pena nem seria possível verter em palavras?

É possível, até, que a decisão não fosse uma decisão, mas de início uma brincadeira, um capricho temporário a que o escritor se viu acorrentado conforme tomava vulto o mito do silêncio, que já não podia ser quebrado sem o risco de uma desmoralização provavelmente embaraçosa, talvez irreversível.

Recém-lançados pelo Instituto Moreira Salles, os *Cadernos de Literatura Brasileira* dedicam seu segundo número à obra, não mais que 250 páginas, de Raduan Nassar. Não há solução para o enigma, nem é esse o objetivo da publicação. Cada homenagem parece mais um tijolo na cela onde está preso o escritor.

O silêncio de Raduan é ele mesmo um conto, como as histórias de Henry James sobre escritores, onde o autor aparece soterrado pelo que já escreveu, ou de tal forma assoberbado pelo sucesso mundano que não tem mais tempo para escrever, ou ainda incapaz de fixar no papel o que deveria, mas não conseguiu, ter escrito.

Suicídios autorais, tanto quanto os que ocorrem no "livrão", como Raduan Nassar chama o grande livro da vida, não admitem explicações, o gesto as dissolve em irrelevância. Nojo pela vida mental, desejos de inocência irrecuperável, de reverter da arte para a vida — depois e além da literatura fica o insondável.

(10/10/1996)

A VOLTA DA FAMÍLIA

Foi por volta dos anos 50 que a família ocidental se viu reduzida à sua estrutura biológica mínima: o pai profissional, a mãe hiperativa, um casal de filhos saudáveis. Desaparecia o cortejo patriarcalista de tios, primos, contraparentes e agregados para que a molécula básica, mais eficaz, fulgurasse nos anúncios de revista.

Admitia-se, quando muito, um mascote canino ao pé do sofá, depositário do afeto outrora disperso pela parentela. Era de se imaginar que o terremoto sexual dos anos 60 completaria o que já se encontrava em fase tão adiantada, reduzindo cada um a si próprio, um átomo narcísico perdido no universo dos sentimentos.

Isso de certa forma aconteceu. A consolidação do mercado na economia corresponde exatamente à vitória de um narcisismo racional, calculista, no plano psicológico. São como duas faces da mesma moeda. Mas eis que, passados 30 anos, um novo cortejo familiar se reúne nas festas, nos aniversários, no fim-de-semana.

Há um encanto insólito nessas cenas, como se os antepassados reencarnassem em ex-maridos, ex-esposas, semi-irmãos e quase-primos, uma seiva contínua percorrendo os subterrâneos do DNA humano. Surgem problemas terminológicos. Como chamar, por exemplo, o comadrio de duas mulheres que têm filhos de um mesmo homem?

Acaba de sair no Brasil o livro *Monogamia* (Companhia das Letras), do psicanalista inglês Adam Phillips. São aforismos em estilo francês, altissonantes e paradoxais. Como observou Matinas Suzuki Jr. ao apresentar o livro na Ilustrada, têm algo do hoje banalizado *Fragmentos de um discurso amoroso* (Francisco Alves), de Roland Barthes, bíblia de uma geração.

O autor parece ver uma crise tanto na idéia de monogamia como no que seria o seu oposto, a promiscuidade. "O único relacionamento verdadeiramente monogâmico é aquele que temos conosco mesmos", conclui um trecho. Nosso egoísmo gostaria das vantagens de ser e de não ser monogâmico, o que é impossível.

A grande família Ex é o testemunho dessa impossibilidade, embora ela não deixe de ser uma família, com suas alegrias e tristezas. No tempo de nossos bisavós, era fácil manter-se monogâmico. Exceto na faixa estreita da prostituição, a indisponibilidade sexual era quase completa, o preço a pagar, muito alto.

A idéia de felicidade estritamente pessoal não existia, alguém era feliz (ou acreditava ser, o que aliás é a mesma coisa) em relação aos outros, à família, à pátria, a Deus. O casamento era e continua sendo uma forma de torpor, que por isso mesmo impede que a pessoa caia num excesso de autoconsciência, que se baste sozinha.

Kierkegaard, que nunca se casou, achava que o amor romântico era um fato da natureza; só o amor conjugal era comparável à obra de arte. As condições atuais tornam essa arte ainda mais preciosa. Uma intempérie sexual muito mais demorada e difícil de transpor separa qualquer casamento do porto seguro da velhice.

(03/07/1997)

CHARBONNEAU

Agora que a Igreja Católica reitera a sua incrível fossilização em matéria de moral e costumes, é oportuno lembrar do brilhante período anterior, quando ela se abriu para o mundo como poucas vezes fizera antes, deixando-se permear pelo experimentalismo que marcou os anos 60.

O período de João XXIII (1958-1963), talvez o mais "cristão" dos papas, inaugurou a reformulação que seria aprofundada sistematicamente por Paulo VI (1963-1978). Para a área popular a doutrina passou a ser a das reformas sociais no capitalismo; para a classe média, a substituição da moralidade das aparências por uma de intenções.

Ou seja, exatamente o contrário da política do papa que volta a nos dar a honra de sua presença em outubro. Numa coincidência involuntária, o Colégio Santa Cruz está por lançar a biografia do padre Charbonneau (*Charbonneau: ensaio e retrato*, Scipione), a propósito do décimo aniversário de sua morte. Ele foi o maior polemista católico, entre nós, no período de Paulo VI.

Junto com a introdução do livro de Alberto Martins, antecipada pelo Mais! de domingo, vemos uma foto do biografado, ainda jovem, disputando um cabo-de-guerra. Vestindo camiseta, a corda enrolada em seu tórax de atleta, o rosto quase obsceno de tanto entusiasmo, o padre grita em atitude de deboche contra o time adversário.

Charbonneau veio de Montreal, no Canadá francês, para São Paulo em 1959, a fim de lecionar filosofia no Santa Cruz, uma escola da elite local. Logo provocou escândalo: ele era não apenas o clérigo sem batina, simpatizante de idéias subversivas, mas o padre que bebia, fumava e gostava especialmente — essa era a intriga — de fiéis do sexo oposto.

Essa imagem era devida à vitalidade dos apetites de Charbonneau, em correspondência com a sua concepção de que religião e vida deveriam confundir-se a ponto de se converterem numa coisa só. Ele escrevia e falava muito, sempre escolhendo os assuntos polêmicos, os enfoques explosivos, as crises, enfim, da certeza.

Os temas que o celebrizaram foram tipicamente "sessenta": a virgindade, a pílula, o divórcio. Embora tenha escrito a favor da reforma agrária e tenha sido antipático quanto ao regime militar, sua militância (em livro, na imprensa, na televisão) foi mais importante no sentido de estabelecer uma moral menos hipócrita, mais sensível.

Nos demais colégios "tradicionais", o objetivo era moldar o aluno por fora: o que ele pensava ou sentia não era assunto pedagógico. No Santa Cruz era o contrário. O aluno era intoxicado de Dostoiévski, Kafka e Camus, para só então ser içado do desespero por um solidarismo cristão inspirado em Maritain e Teilhard de Chardin.

O processo marcou muitos desses futuros burgueses na forma de uma certa ventilação de idéias, de uma inclinação humanista, de uma sensibilidade cultural — o que é um feito no cenário mesquinho das "nossas elites". Charbonneau perdeu o cabo-de-guerra, mas não é figura de linguagem dizer que suas idéias estão vivas nessas pessoas.

(04/09/1997)

CANUDOS SOBREVIVE

Canudos caiu no dia 5 de outubro, há cem anos, "quando caíram seus últimos combatentes, que todos morreram". Magnificada pela prosa monumental de Euclides da Cunha, a campanha do Exército republicano contra a insurreição de sertanejos chefiados pelo Conselheiro converteu-se na epopéia brasileira, e que estranha epopéia...

Uma epopéia é normalmente a narrativa de um povo que se forma como nação na guerra contra o inimigo estrangeiro. No caso da expedição dissecada em *Os sertões*, o inimigo é a própria população ou parte substancial dela, apartada do restante não por uma linha geográfica, como na guerra civil americana, mas social.

Do lado dos revoltosos, outra estranheza: em vez de subverter a ordem para substituí-la por uma nova, como é praxe entre os revoltosos de todos os tempos, a rebelião de Canudos pretendia, ao contrário, restaurar uma ordem anterior, tradicional, ela sim subvertida pela proclamação da República no Rio de Janeiro.

Revoltas populares quase sempre têm algum estopim fiscal. Com a emancipação dos municípios, estabelecida pela República, foi cobrado um imposto local destinado a estruturar as prefeituras, mas que os seguidores de Antônio Conselheiro se recusaram a pagar. Vem daí, seguramente, muito do impulso anti-republicano de Canudos.

A simbologia ultrapassou de longe o episódio tributário, insuflada desde o início pela imprensa jacobina da capital, que acusava o partido monarquista de estar por trás da revolta. Canudos passou a condensar os paradoxos de uma sociedade onde a força armada, como em Palmares, está voltada para dentro, onde o "povo" recusa o progresso.

Opressores são civilizados, oprimidos são retrógrados, a sociedade como um todo parece de cabeça para baixo ou deformada por efeito de alguma perversão interna. O próprio livro de Euclides da Cunha é um libelo contra essa guerra, que ele chama de crime da nacionalidade, pois Canudos requeria ser integrada, não suprimida.

Intoxicado, porém, pela atmosfera intelectual da época, quando estavam em voga as mais abstrusas e servis teorias do "racismo científico", o autor da epopéia identifica o elemento perverso não na estrutura econômica, mas numa mirabolante patologia em que a mestiçagem enfraquece as raças "superiores", tornando-as "histéricas".

É penoso acompanhar o escritor nos malabarismos voltados a conciliar a observação segundo a qual "o sertanejo é antes de tudo um forte" com a parafernália das raças e subraças: mais de um crítico importante já procurou mostrar que aquele é o Euclides verdadeiro, enquanto este apenas fingia adotar as maneiras da época.

Duvidemos. De toda forma, a "naturalização" da sociedade praticada por Euclides da Cunha capta um componente de fixidez, de inalterabilidade, de "destino", que revela a força incrível dos mecanismos mais arraigados na sociedade. O Brasil "moderno" continua montado, cem anos depois, sobre um imenso arraial de Canudos.

(02/10/1997)

O DIAGRAMA DO BALÃO

Depois de Kafka e Joyce, boa parte da literatura ocidental entrou em estado catatônico. O cinema parecia narrar "melhor" que o livro; expulso do "mundo real", o romance se refugiou no subjetivismo cada vez mais exacerbado do narrador, às vezes na dissolução de qualquer narrativa. Foram décadas de experimentação formal.

Talvez porque a evolução do gosto literário tem algo de pendular, talvez porque a nossa época é de revisionismo e restauração, talvez, ainda, porque os dilemas da arte moderna perderam sentido, o fato é que a literatura se reaproximou da narrativa convencional, em que há uma oposição entre o narrador e os fatos objetivos que ele narra.

Um ótimo exemplo é o primeiro capítulo do romance *Enduring love* (*Amor para sempre*, Rocco), do inglês Ian McEwan, que o caderno Mais! publicou no domingo. Traduzido pelo ensaísta Arthur Nestrovski, que tanto tem contribuído para divulgar a literatura anglo-americana entre nós, esse capítulo pode ser lido como um conto à parte.

Mesmo na melhor literatura modernista há uma sensação de gratuidade, de não ter o que contar, de vazio. Nesse texto, McEwan teve a felicidade, rara em qualquer época, de conceber um episódio de tal peso objetivo, de tamanha urgência e inexorabilidade, que é quase inacreditável que ele não tenha por modelo um fato real.

Quando o assunto se impõe de maneira assim cabal, a literatura pode reassumir sua função descritiva sem receio de banalidade ou redundância. Armado o diagrama de forças de "Nós ou eu" (esse é o título do conto), mantidas em equilíbrio precário e terrível, não há mais o que inventar, como se os fatos ditassem a narrativa.

O episódio não dura mais que alguns minutos. O narrador e sua mulher estão no campo, num dia ventoso, sentados em torno de um piquenique a dois, quando ouvem um grito. Não longe dali, um homem tenta controlar um enorme balão; ao correr em seu auxílio, o narrador vê outros três homens que correm para o mesmo ponto.

Chegam praticamente juntos e, enquanto agarram as cordas na tentativa de manter o balão no solo, constatam que dentro da cesta está um menino, paralisado de terror. Os cinco desconhecidos gritam ordens a esmo, mas não há tempo para deliberar um plano comum, embora qualquer plano, desde que adotado, fosse bom.

O vento recrudesce, o balão sobe dois metros acima do chão, os homens ficam pendurados por alguns instantes até que um deles não aguenta e se solta, o que faz o balão saltar mais dois metros; em frações de segundo, uma seqüência "logarítmica" de cálculos morais se processa na mente do narrador e ele também desiste e despenca.

Todos caíram, mas ao se levantarem vêem que um deles continua preso à corda, seu corpo agora um palito no céu. Conforme a praxe, vamos omitir o desfecho dessa parábola que leva a moral a extremos capazes de abarcar, como nota o narrador, nada menos que o drama dos mamíferos: o que reservar para si, o que conceder ao outro.

(23/10/1997)

ELES SE MERECEM

É difícil passar uma semana sem que um atentado no Oriente Médio faça vítimas desarmadas, quando não completamente alheias aos conflitos locais, como neste caso da chacina de turistas em Luxor, no Egito. Cansados de nos chocar e indignar, somos tentados a dar de ombros: "Eles que se matem entre si, eles se merecem".

Como é regra entre os países islâmicos, e árabes em particular, o regime egípcio é uma ditadura de ferocidade a que nem mesmo nós, latino-americanos, estamos habituados. O governo do general Mubarak, no entanto, herdeiro de Anuar Sadat, sendo laico e pró-ocidental, é o alvo indireto da campanha terrorista de extremistas islâmicos.

Essa tem sido invariavelmente a dinâmica da radicalização. Uma liderança radical, curtida nas responsabilidades do mando, abalada pela falta de perspectivas do impasse, evolui para posições mais flexíveis e estabelece uma negociação. Passa a ser combatida internamente por nova liderança, emergente e radical como ela própria fora antes.

Jerusalém, o epicentro geopolítico do Oriente Médio, é uma cidade sagrada para três das cinco grandes religiões do mundo. É essa persistência estúpida na literalidade dos livros e preceitos sagrados — literalidade que a Europa abandonou no século XVII — a responsável, em última análise, pelo banho de sangue de cada semana.

Basta que religião e política se misturem — na Irlanda do Norte, na Bósnia —, e o resultado é uma matança imbecil movida pela vingança mais cega: o importante é retaliar, embora ninguém mais saiba quem começou e por quê. Um dos sentimentos mais assustadores nesses filmes sobre a Bósnia é uma espécie de intimidade no ódio.

Ali, muçulmanos e sérvios são o mesmo povo, falam a mesma língua, há parentes de lado a lado, e eles simplesmente adoram matar uns aos outros. Nos países árabes e em Israel, sempre há um contingente disposto a evitar que lideranças sensatas lhes retirem esse suave prazer. Daí o círculo de ferro: impasse, negociação, terror, impasse.

Bem fazem os Estados que confinam a religião nas casas e nos templos, onde sua capacidade para causar dano fica restrita à vida pessoal dos envolvidos... No meio de todo o horror, entretanto, acaba de sair um belo livro (*A terra das duas promessas*, Imago), que todo interessado na questão leria com proveito.

Uma editora francesa convidou dois escritores pacifistas — Emil Habibi, palestino, morto no ano passado, e Yoram Kaniuk, judeu — para escrever, cada um, a metade de um livro. Cada ensaio deveria versar, porém, sobre o "outro povo", o inimigo. Kaniuk e Habibi, este com ressalvas, são a favor da fórmula "um país, dois Estados, uma capital".

Somente um gesto de perdão total, quase repulsivo — uma "traição", proveniente do medo e do asco, à memória das vítimas — poderia levar à pacificação generosa daquela fórmula. Emil Habibi e Yoram Kaniuk, perseguidos respectivamente pelos extremistas de seu próprio campo, mostram como esse gesto temerário é possível.

(20/11/1997)

NO TEMPO DOS MILITARES

O Centro de Pesquisa e Documentação (CPDOC) da Fundação Getúlio Vargas acaba de publicar, em livro, a série de depoimentos que o presidente Ernesto Geisel concedeu aos pesquisadores Maria Celina D'Araujo e Celso Castro entre 93 e 96. O depoente morreu depois de completar uma revisão meticulosa, como era do seu estilo, no documento.

Geisel responde em tom frio, quase burocrático, sempre preocupado em fixar a sua versão para a quantidade impressionante de episódios decisivos que viveu, desde a Revolução de 1930 até o período em que ocupou a Presidência (1974-1979), obviamente o núcleo do livro. Ele foi o ditador que começou a desmontar a ditadura.

Elio Gaspari, estudioso do período, já escreveu que esse aparente paradoxo se explica: Geisel não tinha compromisso com a democracia, regime que aliás ele desprezava quase explicitamente, mas sim com a ordem na instituição militar e no Estado em geral, ordem que o descalabro repressivo do governo Médici subvertia.

No depoimento do CPDOC, fica mais uma vez patente como para Geisel (e toda a sua geração, a dos "tenentes") o Estado tinha o papel de disciplinar, sobretudo nos países atrasados, a turbulência "egoísta" e "imatura" das classes sociais, canalizando suas energias indolentes ou dispersivas para induzir o desenvolvimento.

Daí essa estranha fórmula de um reacionarismo revolucionário, marca registrada das inúmeras vezes em que o Exército ou uma facção dele se julgou no direito — conforme o ponto de vista, no dever — de substituir-se à sociedade para "salvá-la". O depoimento mostra a que ponto chegou a militarização da política, fruto da politização do Exército.

Essa militarização se desdobra em dois aspectos, ambos danosos. A política se torna um fio desencapado, reduzida ao cerne das suas relações de força. Há golpes dentro do golpe, subgolpes, até um golpe preventivo houve (Lott, 1955). O governo Geisel, em versão agora confirmada pelo próprio, foi essencialmente uma luta entre duas facções militares.

Ao mesmo tempo, a vida pública se reduz a uma dimensão de caserna, aos meandros de um convívio gremial, repleto de fofocas e ressentimentos, mas onde a camaradagem afinal impera, de modo que uma alta nomeação política pode depender da confiança num antigo companheiro de guarnição ou carteado. O Estado se torna quartel.

Talvez o principal mérito do livro seja, mais do que avivar essa memória, organizá-la, torná-la cristalina e irrefutável, resultado obtido graças à clareza de instrutor alemão do depoente. É chocante a distância mental que nos separa de um período ainda tão recente, o que dá a medida do enorme progresso institucional dos últimos 20 anos.

Bem ou mal, Geisel é um dos avôs (o outro seria Ulysses) desta democracia, a melhor e mais ampla que tivemos: ninguém lhe tira esse apanágio. Mas que não se espere encontrar um Geisel democrata ou "humano" no livro; austero, sombrio, orgulhoso, ele é o mesmo general que um dia teve poderes de deus asteca sobre os brasileiros.

(04/12/1997)

CIÊNCIA COMO SUPERSTIÇÃO

O avanço do conhecimento é normalmente concebido como um processo linear, inexorável, em que as descobertas são aclamadas tão logo venham à luz e as novas teorias se impõem com base na evidência racional. Afastados os entraves da religião desde o século XVII, o conhecimento vem florescendo de maneira livre, contínua.

Um pequeno livro agora publicado no Brasil mostra que nem sempre é assim. Escrito na juventude (1924) pelo romancista francês Louis-Ferdinand Céline, *A vida e a obra de Semmelweis* (Companhia das Letras) relata aquele que é um dos episódios mais lúgubres na crônica da estupidez humana e talvez a pior mancha na história da medicina.

Ignác Semmelweis foi o descobridor da assepsia. Médico húngaro trabalhando num hospital de Viena, ele constatou que a mortalidade entre as parturientes, então um verdadeiro flagelo, era diferente nas duas alas da maternidade. Numa delas, os procedimentos eram realizados por parteiras; na outra, por estudantes.

Não se conhecia a ação dos microorganismos e a febre puerperal era atribuída às causas mais estapafúrdias. Em 1846, um colega de Semmelweis se cortou enquanto dissecava um cadáver, contraiu uma infecção e morreu. Semmelweis imaginou que o contágio estivesse associado à manipulação de tecidos nas aulas de anatomia.

Mandou instalar pias na ala dos estudantes e tornou obrigatório lavar as mãos com cloreto de cal. No mês seguinte, a mortalidade entre as mulheres caiu para 0,2%! Mais incrível é o que aconteceu em seguida. Os dados de Semmelweis foram desmentidos, ele foi exonerado e as pias — atribuídas à superstição — arrancadas.

Nos dez anos seguintes, Semmelweis tentou alertar médicos em toda a Europa, sem sucesso. A Academia de Paris rejeitou seu método em 1858. Semmelweis enlouqueceu e foi internado. Em 1865, invadiu uma sala de dissecação, feriu-se com o bisturi e morreu infeccionado. Pouco depois, Pasteur provou que ele estava certo.

Para o leitor da nossa época, o interessante é que Semmelweis foi vítima de um obscurantismo científico. Como nota o tradutor italiano no prefácio agregado à edição brasileira, qualquer xamã de alguma cultura dita primitiva isolaria cadáveres e úteros por meio de rituais de purificação. No científico século XIX, isso parecia crendice.

O livro é a tese de Céline na faculdade de medicina, antes de ele se tornar um dos maiores escritores do século XX, apesar da fama maculada pela adesão ao nazismo e à propaganda anti-semita. Há um tom irritante na prosa descabelada desse panfleto juvenil, nas suas ênfases sempre retumbantes, na premeditação do seu catastrofismo.

Mesmo assim, Céline transforma Semmelweis num herói de tragédia clássica e erige, a partir do relato vertiginoso de sua vida, um monumento impressionante à imbecilidade. Ainda atordoados pela facilidade com que a medicina, apesar de seus enormes progressos, leva da vida à morte, o livro inspira horror e fascínio.

(30/04/1998)

UM ESCRITOR "MÉDIO"

Rubem Fonseca acaba de lançar *A Confraria dos Espadas* (Companhia das Letras), mais um volume de contos. Conforme observou José Geraldo Couto na Ilustrada, o livro não acrescenta muito à obra anterior, e até subtrai: as obsessões do autor se concentram e refinam, o texto se aproxima da brevidade que caracteriza o escritor já realizado.

Os críticos que não gostam de Rubem Fonseca costumam considerá-lo um bom escritor "médio". Lamentam que, à falta de grandes criadores, como Graciliano ou Guimarães Rosa, e talvez dada a impossibilidade mesma de eles irromperem na cultura contemporânea, o escritor carioca tenha sido levado ao ápice.

Rubem Fonseca é "médio" em vários sentidos, alguns inequívocos, outros mais problemáticos. É uma vitória de estratégia literária que ele tenha sabido posicionar-se entre cultura "alta" e cultura industrial, num ponto de apoio que lhe permite transitar entre ambas. Ele é um preferido nas adaptações para TV e cinema.

Mas seu trabalho retém as marcas do prestígio literário, implícitas no pacto pelo qual se espera que o leitor seja recompensado por uma experiência introspectiva desde que se disponha a enfrentar dificuldades. Rubem Fonseca reina num espectro que tem Paulo Coelho num extremo e escritores talentosos, mas obscuros, no outro.

É mais difícil estabelecer que sua obra seja "média" do ponto de vista intrínseco, pois o terreno desses juízos é sempre movediço. Basta lembrar a trajetória de um dos escritores que se apontam como influência crucial no trabalho de

Rubem Fonseca, o americano Dashiell Hammett, mestre do moderno romance policial.

Autor de *pulp fiction*, folhetins vagabundos vendidos em bancas de jornal, Hammett foi considerado inicialmente como escritor de terceira, depois como um "bom escritor médio" e hoje é admitido no elenco dos maiores prosadores americanos. Só a posteridade pode dizer se o percurso de Fonseca será o mesmo.

Mesmo seus adversários reconhecem que algum de seus contos — "Feliz ano novo" ou "O cobrador" — seria obrigatório numa coletânea dos melhores da literatura brasileira. "O cobrador" é exemplo de como toda uma crise social pode ser condensada numa forma literária enxuta, tersa, brutal e terrivelmente engraçada.

Há outra acepção em que ele é médio. Um problema de todo escritor é o ponto de mescla entre prosaico e insólito, entre os componentes narrativo e fantasioso, e é nessa solda que parece repousar o virtuosismo de Rubem Fonseca. O maior interesse do novo livro é levar essa técnica aos extremos do verossímil.

Suas histórias se passam no Rio, há um quê de Nelson Rodrigues na atmosfera, mas um lapso de descrença — talvez o existencialismo ou a literatura americana — os separa. Rubem Fonseca não tem sua genialidade, nem seu ranço provinciano, seus cacoetes moralistas, sua adjetivação rococó: essa é sua forma de ser um grande "médio".

(10/12/1998)

PARA (NÃO) ENTENDER KAFKA

O adjetivo "kafkiano" costuma ser empregado para qualificar qualquer situação absurda, especialmente quando ela ocorre em meio a labirintos burocráticos. Mas o estilo de Franz Kafka (1883-1924), considerado um dos três maiores escritores do século que termina, nada tem de "absurdo" ou delirante, muito ao contrário.

Diferente de James Joyce e outros criadores da literatura moderna, Kafka não fez experiências inovadoras com a linguagem. Sua prosa é estritamente descritiva, neutra, relatorial. Uma criança pode compreender o que Kafka está contando. O que é difícil — talvez impossível — entender é o porquê de ele estar contando aquilo.

Otto Maria Carpeaux, o crítico austríaco emigrado para o Rio, participou de saraus em que Kafka, um desconhecido tratado com desdém, lia seus escritos. Segundo Carpeaux, Kafka não parava de rir enquanto lia, tão cômicas achava suas histórias. Ao morrer, mandou em vão que sua obra, quase toda inédita, fosse destruída.

O que Kafka pretendia dizer permanece um enigma. O leitor pode conferir o método de Kafka no primeiro capítulo de seu principal romance, *O castelo*, que o caderno Mais! publicou domingo, em tradução de Modesto Carone, romancista também ele, e provavelmente quem melhor conhece o escritor tcheco entre nós.

A atmosfera sempre tem algo de onírico. Tudo começa de maneira "normal", prosaica até, mas aos poucos nos damos conta de que coisas levemente estranhas deformam essa normalidade. Logo o protagonista sofre alguma agressão descabida, a que ele reage de forma também "normal": protesta, recusa-se a fazer o que lhe mandam etc.

Mas as agressões retornam, o personagem acaba por se acostumar com elas. É raro que ocorra algo absurdo (como a conversão de Gregor Samsa num inseto, pela qual começa *A metamorfose*) ou desconcertante. A narrativa prossegue, sóbria e empertigada, até dar num beco sem saída ou se esfumar num final que não conclui nada.

Em face de um escritor ao mesmo tempo tão claro e tão incompreensível, a tentação sempre foi a de acreditar que ele falava por meio de metáforas. Kafka, assim como Freud, é produto do judaísmo radicado em língua alemã, e já se disse que a rede totalitária que sufoca seus personagens seria nada menos que Deus.

Outros críticos especularam que ela seria a alienação impessoal da vida moderna, a burocracia do Império Austro-Húngaro ou ainda a dominação paralisante que o velho Kafka, comerciante como o pai de Freud, exercia sobre ele. Tais explicações, além de pouco convincentes, apequenam uma obra que teima em rechaçá-las.

O "sentido" da obra de Kafka está na experiência incomunicável de lê-la. Ela encerra um ciclo gigantesco iniciado, ao menos no Ocidente, por Homero, como se não houvesse nada mais para ser contado e as narrativas passassem a girar no vazio. Kafka foi o último escritor; depois dele a literatura se tornou outra coisa.

(04/03/1999)

BRASIL, PAÍS DO PASSADO

Diversos cronistas têm comentado que está de volta o sentimento de que "o Brasil não tem jeito". Um pequeno livro, publicado sem alarde no ano passado, ajuda a compreender as origens mais arcaicas da incrível persistência de estruturas e distorções que até hoje impedem o Brasil de evoluir mais depressa e melhor.

Organizado pela pesquisadora Miriam Dolhnikoff, *Projetos para o Brasil* (Companhia das Letras) reúne textos avulsos, a maioria meras anotações pessoais, de José Bonifácio de Andrada e Silva (1763-1838), o Patriarca da Independência. Num país de história oficialista, ele é uma das figuras mais submersas em espesso limo patriótico-escolar.

Mas tudo o que os admiradores dizem sobre Bonifácio — intelectual de méritos, estadista visionário, reformador sagaz, homem de princípios — é superado na leitura desse volume, que todo político brasileiro talvez devesse conhecer. As idéias de Bonifácio formam clarões em meio à treva da nossa estréia independente.

Ele durou apenas um ano e meio no ministério de Pedro I, com quem logo se desentendeu; assumiu sua cadeira de deputado e a exerceu por alguns meses, até a Constituinte ser dissolvida pelo trêfego imperador, ele e seus dois irmãos exilados em Bordéus, França. Sua influência foi enorme, mas suas idéias foram derrotadas.

Antecipando-se em 60 anos a Joaquim Nabuco, ele identificava na escravidão o maior problema formativo da sociedade brasileira ("nós tiranizamos os escravos, eles nos inoculam seus vícios"). Seu principal projeto na Constituinte foi uma elaborada proposta de abolição progressiva, mas rápida, do trabalho escravo.

Se implementada ela poderia ter colocado o Brasil historicamente à frente dos Estados Unidos. Os outros dois grandes problemas, na visão do patriarca, eram a concentração fundiária — objeto de proposta de reforma agrária que ele também apresentou à Constituinte — e a necessidade de incorporar os povos indígenas.

Em resposta a esta última questão, ele propôs um vigoroso programa de estímulo aos casamentos mestiços (uma de suas raras idéias que na prática acabou vingando), e que as terras dos indígenas fossem compradas, em vez de tomadas pelo Estado, e seus habitantes vacinados. Como se vê, não eram propostas malucas.

Não eram, tampouco, revolucionárias, embora fossem assombrosas pela largueza de horizonte e cálculo. Suas intuições às vezes parecem sobrenaturais: ele prevê que Pedro I cairia em seis anos (caiu em oito), que São Paulo seria a região mais desenvolvida do país, que o desmatamento deveria ser contido desde então.

Há até anotações "feministas" no livro, em que ele sugere às mulheres não obedecerem a leis feitas "sem sua participação". O que teria acontecido se Pedro I não fosse um boçal e mantivesse Bonifácio no governo? Nada, talvez; quem derrotou Bonifácio foi a estrutura que ele tão cedo diagnosticou e tentou, em vão, mudar.

(25/03/1999)

LENDA PESSOAL

Está em curso uma suave legitimação literária de Paulo Coelho. Inicialmente desprezado pela opinião "culta", leitora de livros e jornais de prestígio, ignorado então pela própria mídia, esse escritor abriu seu caminho (encontrou sua "lenda pessoal", como ele diria) a golpes de tiragem, sendo hoje um dos autores mais lidos do planeta.

Não era possível, ecoando o aforismo de Lincoln, que todo mundo estivesse errado todo o tempo. Paulo Coelho já merece respeito por ter atraído multidões ao mundo, bem ou mal, do livro. E a adesão extática de seus leitores vale por si mesma; bastam-lhes os tesouros que souberam encontrar ali. Mas que escritor será esse?

O mago foi recentemente ouvido e aclamado em Davos, Suíça, onde se reúne um colóquio de executivos importantíssimos, que se contabilizam, também, entre seus milhões de discípulos. Porque o leitor de Paulo Coelho logo se torna um converso, renascido depois de mergulhar nesse Jordão de misticismo coloquial, ameno, *relax*.

Nem seria de esperar que aqueles executivos, já tão atormentados por problemas urgentes, sentassem na primeira classe de um Boeing ansiosos por abrir seu Dostoiévski, seu Kierkegaard. Não há, no misticismo de Paulo Coelho, nada da exasperação desses dois, nem da fúria terrível dos profetas; seu tom é quase o de um papo na praia.

Também não há dogma. Sua cosmologia, digamos, é de um ecletismo selvagem, aberta à teoria dos cristais, ao cristianismo popular, à sabedoria árabe, à astrologia, à alquimia — a todas as formas de irracionalismo que a imaginação humana já concebeu, amalgamadas numa espécie de religião globalizada para o milênio.

De um ponto de vista literário, sua capacidade de fabulação e de fixar tipos parece inferior à de Malba Tahan, inesquecível escritor carioca dos anos 50 que se aproxima dele pela temática e, guardadas as proporções, pela vendagem. Algumas das narrativas curtas têm certo encanto, mas sua prosa é em geral corrente, fácil, ingênua.

Seus adeptos dirão que é essa a sua qualidade. Desde o realismo se estabeleceu, porém, o parâmetro, levado a extremos pela literatura moderna, de que a "função" da literatura não é edificar e embelezar, mas problematizar as complexidades da vida humana. Enquanto prevalecer esse parâmetro, nosso autor ficará a dever.

Claro que seus leitores não estão interessados nisso, provavelmente seu apreço é maior pela "mensagem" do que pelo estilo. Em resumo, o que Paulo Coelho nos diz é que toda pessoa está condenada à felicidade, espiritual e material, desde que se abandone ao próprio "coração" e saiba seguir as "pistas" certas.

Filia-se a uma espécie de irracionalismo pragmático, a ideologia de fundo da nossa época. Vertida para as inúmeras línguas em que circula, sua prosa perde a discreta cafonice à anos 70, do memorável parceiro de Raul Seixas que ele foi, credenciando-se nas amplas e confortáveis prateleiras do "realismo mágico latino-americano".

(08/04/1999)

A UTOPIA DE CAMINHA

O que logo chama a atenção, na (re)leitura da carta de Pero Vaz de Caminha, publicada em encarte pela *Folha de S. Paulo*, é que não há floreios. O estilo é direto, seco, objetivo. Suas frases são curtas, ao mesmo tempo abrangentes e precisas, como esta, por exemplo, que condensa toda a economia nativa: "Eles não lavram, nem criam".

Caminha não era um literato, mas um funcionário comercial, destacado para a função de tesoureiro do entreposto que os portugueses planejavam instalar em Calicute, na Índia. Já foi observado que a isso se deve a cronologia minuciosa do texto e seu apreço por medidas — de tamanho, distância, profundidade etc.

No empenho por vestígios de bens comerciáveis, seu olhar vasculha tudo para isolar o pormenor significativo, o indício de vantagem a ser auferida ou mais bem investigada numa próxima viagem. Sob pressão dessa perspectiva prática, moderada, porém, pelo tom sóbrio, seu texto ganha enorme capacidade descritiva.

A amplitude de seu interesse faz dele não apenas nosso primeiro cronista e "repórter", mas também geólogo, antropólogo, botânico etc. Ele fala sobre peixes e plantas, topografia e clima, e sua descrição da cultura indígena é um modelo de isenção etnográfica, só perturbada em seu famoso entusiasmo pela nudez das nativas.

Sérgio Buarque de Holanda argumenta, em *Visão do paraíso* (Brasiliense), que os cronistas portugueses sempre foram mais realistas, menos oníricos, que os espanhóis e franceses. Vinham de uma prolongada experiência com povos exóticos e clima tropical, ao longo de mais de cem anos de exploração da costa africana.

Caminha não fica pasmo ao ver a praia ou os índios. A naturalidade do relato favorece a hipótese da descoberta "intencional" do Brasil, como se o que já se sabia fosse agora verificado *in loco*. O horizonte da viagem — e da carta — continua na Índia, que Cabral deveria tomar pela diplomacia ou pela força.

É uma sensação que aumenta na leitura dos outros dois documentos inaugurais, a "Carta de mestre João Faras" e a "Relação do piloto anônimo", reunidos à carta de Caminha num só volume pelo historiador carioca Paulo Roberto Pereira (*Os três únicos testemunhos do descobrimento do Brasil*, Lacerda Editores). Foi o que restou das mais de 30 cartas enviadas de Porto Seguro a Lisboa.

A "Carta de mestre João" é curta e faz sumárias observações sobre o céu noturno; seu autor é considerado o "descobridor" do Cruzeiro do Sul. A "Relação" é um documento chocante, pelo descaso com que a descoberta é tratada. Poderia ser dada, nas escolas de jornalismo, como contra-exemplo da excepcional reportagem de Caminha.

Seu valor é confirmar várias passagens de Caminha e ressaltar, pelo contraste, a riqueza narrativa deste. Como não havia ouro ou prata, os portugueses dedicam-se a "folgar" na orla com os indígenas. São os melhores momentos de Caminha, quando ele entrevê uma utopia brasílica nunca realizada, mas viva até hoje.

(06/05/1999)

CAPITU NO TRIBUNAL

Saber se Capitu traiu Bentinho é o maior mistério da literatura brasileira. Narrador autobiográfico de *Dom Casmurro* (1899) e única testemunha dos eventos, o marido diz que sim. Mas os indícios que arrola são turvados pela morbidez do seu caráter e se resumem afinal à semelhança do filho com o suposto amante.

Ressalvando as dubiedades insolúveis que Machado de Assis disseminou pelo livro, os críticos concordavam com o narrador, até que uma americana, Helen Caldwell, num estudo publicado em 1960, declarou que Bentinho não era confiável; o valor de seu relato seria igual ao da história de Otelo caso contada pelo protagonista.

Outro estrangeiro, o inglês John Gledson, reforçou a tese em 1984 ao argumentar que o libelo de Bentinho, além de sexista, embutia preconceito social. Intolerável, ao narrador oligárquico, seria a atitude burguesa, esclarecida e ambiciosa de Capitu, capaz de combinar o amor ao cálculo, o sentimento ao método.

Essas análises serviram como uma luva à interpretação de Roberto Schwarz, na qual culmina a tradição crítica sobre o grande romancista e que constitui, ela mesma, uma obra literária, tendo o próprio Machado como "personagem". Não cabe resenhar essa interpretação tão fecunda aqui; vamos destacar apenas um aspecto.

Tudo o que é duvidoso em Machado de Assis — sua "filosofia", sua ironia enjoativa, seus rodeios — é debitado ao narrador capcioso. Este seria um artefato literário-sociológico que dá a chave do descompasso da sociedade brasileira, aquele que opõe as formas da vida escravocrata às idéias "irrefutáveis" do liberalismo europeu.

Dessa posição ambígua e parasitária o narrador desvela, sem querer, ambas as premissas, escancarando o que há de imoral na prática e de falso nas idéias, ao preço de condenar-se à esterilidade (e ao celebrado cinismo) desses tipos algo respeitáveis, algo calhordas, seja o amante Brás Cubas ou o marido Bentinho.

É como se o Machado de Schwarz tivesse lido... o próprio Schwarz. Mas isso não vem ao caso do momentoso "julgamento" de Capitu, realizado segunda-feira na *Folha de S. Paulo*. Idéia frívola, embora não considerássemos frívolo que 200 russos passassem horas discutindo sua maior personagem; Ana Karenina, por exemplo.

O público afluiu como em todo julgamento escandaloso. Em outros tempos, Capitu teria sido vilipendiada, chamada messalina e condenada. Mas a defesa atuou como promotoria e chegou a comover quando, em certo apogeu, parecia falar por meia humanidade. Restou aos homens ostentar um *fair play* condescendente.

Bentinho foi qualificado de neurótico, fixado na mãe, homossexual; o ministro Sepúlveda Pertence cogitou nomear-lhe um advogado dativo, tanto ele era o réu. Pairava um clima correto, "americano", o que por sua vez lembrava as "idéias fora do lugar" do narrador de Machado, sugerindo que é sempre o mesmo círculo.

(24/06/1999)

CINEMA E TEATRO

FURA

Hoje é o último dia para ver o Fura dels Baus: o grupo de teatro catalão mostra um *workshop* com atores brasileiros no Sesc-Interlagos. Último dia é força de expressão. O público adora o Fura e o Fura adora o Brasil; assim como já vieram antes, eles voltarão, correndo o risco de terminarem como naquela piada em que um carioca diz ao outro: "Vamos mudar de calçada que lá vem o chato do Chaplin".

Nos espetáculos do Fura, movidos a megatons de rock primal, os atores aterrorizam o público, literalmente caçando espectadores, como se costuma dizer no teatro, só que a bordo de carrinhos de supermercado, empunhando serras elétricas e britadeiras. O marketing agressivo do Fura inclui guerra de vísceras e sacos de farinha jogados na platéia.

Aliás, evidentemente não há platéia; atores e público estão misturados, no escuro e em pé, numa quadra poliesportiva. O resultado, que vale tanto a pena ver como o próprio espetáculo (mas, de novo, onde fica o espetáculo?), é que as pessoas, contagiadas pelo batuque, hipnotizadas de alegria, correm como se voltassem a ser crianças num pátio de colégio. Regressão da audição, disse Adorno.

Isto não é uma crítica teatral: se fosse, seria o caso de recomendar o espetáculo por sua rara beleza e por ser uma experiência genuinamente dionisíaca. Mas será que é? O que distingue os rostos afogueados pelas estripulias do público do Fura e os de outro público, tão diverso e igual, o dos parques de diversão, do Grande Teatro da Disneylândia? Sua base comum são as emoções mais diretas e arcaicas.

Sensações de desequilíbrio físico, de surpresa visual, de som ritmado, de falso perigo etc. estão entre as mais memoráveis (e prazerosas) para qualquer criança. Tanto no caso do Fura como na Disneylândia, elas são recriadas por meios artificiais, tecnológicos — o que estabelece uma aliança simbólica entre arcaísmo e vanguarda, entre primitivo e futurista, entre animal e máquina.

Como toda aliança, ela tem um inimigo comum, entrincheirado no território que ainda separa o passado e o futuro: esse inimigo é a palavra, a razão ou a própria história. O Fura parece ter consciência tão nítida a respeito que o carro-chefe do seu repertório é um espetáculo sem texto que acontece numa Idade da Pedra tecno-pop, assolada por hordas pós-industriais.

Mas a crítica da cultura que está implícita no teatro do Fura, e resumida acima, não é nova. Ela se tornou prestigiosa com o modernismo e desde então sua influência só cresce, a ponto de se tornar o cânone da nossa época. No teatro, seu porta-voz foi Artaud, cujas concepções são seguidas à risca, desde os anos 60, Fura incluso. Imaginada para ser revolucionária, a teoria de Artaud virou um padrão acadêmico.

Essa concepção não teria perdurado se não estivesse em consonância com o espírito do nosso tempo, que é a crise da palavra e das demais formas de intermediação, superadas pelo efeito "regressivo" da tecnologia. Mas o Fura é transgressivo, alguém dirá. Sim, só que a esta altura do campeonato transgredir é como chutar portas abertas; depois do espetáculo, sobram as roupas sujas de farinha e os rostos afogueados.

(14/12/1995)

PÉROLAS

Pérola, a peça de Mauro Rasi que estréia hoje em São Paulo, é uma preciosidade no seu gênero. Sem receio do melaço das emoções mais sentimentais, o espetáculo transita da ironia diante das fraquezas cotidianas para um perdão de tal forma amplo e generoso, derramado sobre palco e platéia, que aquelas mesmas emoções, antes baratas, se transfiguram.

Do espantoso prosaísmo da Bauru dos anos 50, de esquetes que descongelam um passado familiar enterrado na memória, o autor levanta um panorama que ressoa o realismo do teatro americano, de Arthur Miller ou Tennessee Williams; sem a altitude dramática desses dois, *Pérola* recompensa o público com um desfecho de pura felicidade.

É a inclinação pelo realismo o que afasta o público do teatro, como de qualquer forma de arte, porque o gosto da maioria das pessoas é estacionário, não muda nem ao longo da vida nem no decorrer das gerações. Elas querem histórias claras e emoções compreensíveis; querem, se possível, humor e amor, além de um pouco de angústia antes do final feliz.

Elas não querem "compreender" alguma coisa, nem "passar por uma experiência estética" ou ver aparências serem desmascaradas, mas viver, por algumas horas, num mundo de ilusão, numa vida fictícia ao mesmo tempo mais intensa e inofensiva que a vida real. Não é isso o que diz o público das telenovelas, com seu gosto pelos enredos repetitivos?

Foi com a arte moderna que o artista deixou de cultivar essa opinião média, ainda que fosse para suplantá-la, e passou a ser um criador de formas puras, abstratas e inéditas. Não por acaso, esse tipo de artista se enraizou melhor nos gêneros tradicionais, como o teatro, à medida que eles cediam a prerrogativa do realismo ao cinema.

Foi aberto, assim, um abismo entre interesse estético e interesse médio, aquele preso a experimentações cada vez mais estéreis, este sempre fiel ao realismo narrativo. De tempos em tempos, porém, uma obra proveniente do campo "médio", como essa peça de Mauro Rasi, reaproxima magicamente os extremos, pois *Pérola* só parece uma novela.

Um dos aspectos positivos da desorganização de critérios da nossa época é que, não tendo mais um cânone, vivemos um multiculturalismo de fato: todos os gêneros e estilos coexistem, misturados. Nada impede que uma comédia realista possa exercer uma influência vivificadora tanto sobre gêneros mais "baixos" como mais "altos".

Além disso, como a cultura brasileira é rarefeita e fraturada por lacunas, ela tem de se fazer no presente ao mesmo tempo em que "constrói" artificialmente seu próprio passado. Carlos Heitor Cony disse há pouco que, enquanto não recensear à exaustão a sua história, um país não pode ter literatura forte. Algo assim acontece com *Pérola*.

Seja no espírito naturalista, seja nas reminiscências do seu conteúdo, ela fecha um vazio na nossa memória. Ao prestar contas do pai, no caso do livro recente de Cony (*Quase memória*, Companhia das Letras), e da mãe, no caso desta peça, o autor liquida o passivo da sua conta pessoal para transferi-lo a nós, com sinal modificado, na forma de um fio que se soma ao feixe ainda fraco da nossa evolução.

(29/02/1996)

CRUMB

O pai de família está sentado na sua poltrona, em frente à televisão, enquanto sua filhinha brinca no tapete. Chamando-a para perto, ele induz a menina a praticar felação nele. Nesse momento, entra o filho, pouco mais velho, vê a cena e dispara escada acima, espavorido, para contar à mãe. Ela murmura vingança e desaparece no quarto.

Reaparece de botas, lingerie preta, chicote na mão, para investir contra o garoto, a quem estupra. A situação evolui para uma alegre orgia doméstica, que o pai coroa com a moral da história: "Você tinha razão, querida, precisamos dedicar mais atenção às crianças!". Essa fábula abominável basta para entremostrar o mundo de trevas de R. Crumb.

Crumb foi mania entre adolescentes esquisitos nos anos 60 e 70. Suas esquinas imundas, sufocadas por uma cacofonia de fios e luminosos, seus personagens impotentes, reduzidos a zero pela autoridade em casa e na escola, as obsessões sexuais em que a mulher aparece ora como virago sádica, ora como mero receptáculo sexual — tudo isso virou "clássico".

Mas o aspecto mais chocante no documentário *Crumb* (direção de Terry Zwigoff), em cartaz no Cinesesc de São Paulo, é revelar que aquele mundo foi menos inventado do que transcrito, os personagens do cartunista americano reproduzem em detalhes a mãe, os irmãos, as mulheres de Robert Crumb, personagens reais do filme. O irmão mais velho se matou um ano depois.

Ele era obcecado por histórias em quadrinhos e escravizava os outros dois à sua idéia fixa, que no entanto se dissolveu em depressão e medicamentos, conforme Robert publicava, fazia sucesso e gerava uma legião de imitadores, quase tão numerosa quanto a de fãs. O irmão mais novo, estuprador confesso, mendiga nas ruas de São Francisco.

Em certas histórias do Super-Homem, havia uma brecha para um outro mundo, chamado de "bizarro", em tudo idêntico ao ideal do nosso, mas com sinal invertido: o policial era delinqüente, a mocinha romântica era libertina, os assaltantes eram altruístas, Super-Homem era um pulha. É assim a galeria de horrores fixada nos desenhos de Crumb.

José Geraldo Couto observou, na Ilustrada, que esse mundo corresponde ao lado recalcado da América. Por ele vagueiam os subprodutos da repressão a serviço da limpeza, da saúde, da eficiência, como a reiterar a teoria das compensações — cada coisa só existe para justificar o seu contrário — de Emerson, o filósofo nacional americano.

É a América dos *serial killers*, onde adultos acondicionam cacos de vidro nos doces que as crianças vêm pedir, à porta de casa, na noite de *halloween*, onde o lago para o fundo do qual Susan Smith despachou seus filhinhos, amarrados em cintos de segurança, é convertido em local de peregrinação por tarados de todos os quadrantes.

O desenhista se "salvou" ao converter a repressão em arte, mas as compensações estão por todo canto: não haveria R. Crumb sem seus pais e irmãos, da mesma forma que, nos livros de Dostoiévski, a redenção é tanto mais jubilosa quanto mais vil for o pecado, o amor nasce em meio à pior abjeção, o horrendo é um atalho até o sublime.

(19/09/1996)

MENINA DE ÓCULOS

Toda pedagogia tem de enfrentar um obstáculo inicial, a distância astronômica que nos separa das crianças, distância ainda maior porque entre elas e nós se intromete uma névoa de clichês. Enquanto só vemos aparências e as remetemos às nossas idéias-feitas, toda a vida interior da criança continua terra incógnita.

Bem-vindo à casa de bonecas, filme do americano Todd Solondz, começa pela imagem da mais convencional das fotos de família, as expressões esvaziadas num contentamento de retrato, até que a câmera se aproxima e se concentra no rosto de repente feioso, óculos grossos, de uma menina de 11 anos.

É através dessas lentes que o espectador vai penetrar nas regiões secretas, que raramente um adulto alcança conhecer, da vida infantil, tanto mais fervilhante quanto mais despercebida passar. Simplesmente esquecêramos quantas coisas cabem num dia de criança, como tudo é crucial nessa época remota.

Tímida, desastrada, sem qualquer das aptidões de zoológico infantil que asseguram como recompensa o amendoim dos adultos, a heroína é o saco de pancadas dos coleguinhas, dos professores, da família. Seu irmão é um "adulto" precocemente vulgar; a irmãzinha, cínica irretocável, é um monstro em forma de anjo.

Melanie Klein descreveu, em relatos terríveis, os primeiros seis meses de vida tomados pela ótica do bebê. Em comparação, os horrores de Freud parecem contos de fada: o bebê constrói e passa a viver num mundo bizarro, um pesadelo repleto de corpos despedaçados, leite podre, excrementos e mutilações.

Exceto pelo amor da mãe, que a ajuda a superar as trevas em que caiu, a criança é joguete de violentas trações de ódio e vingança que a torturam sem trégua. Elas formam uma lógica delirante, psicótica, concebida pelo bebê a fim de "explicar" as intermitências de fome e dores incomunicáveis, inveja e culpa.

A adolescência do filme de Solondz tem algo desse pleistoceno infantil, devastado agora por pais que lançam seus débitos contra filhos indefesos, educadores moralmente analfabetos, crianças que se combatem como feras famintas por atenção. Mas disso não resulta um filme sombrio, nem sequer triste: ao contrário.

Deixemos à crítica local, que "pedagogicamente" não teve tempo de ver o tesouro que cintila nesse filme, a tarefa de decompor a química tão delicada da sua harmonia, engraçada e séria, medonha e feliz a um só tempo, de uma verdade tão pura que receamos chorar para não estragá-la com nossas lágrimas de ocasião.

Fiquemos no elogio de Dawn Wiener, heroína que condensa o princípio de uma pedagogia à altura do nome: amizade, nem mais nem menos, com a criança, única chance de o adulto perdoar seu próprio passado, como na aurora da cena final, quando se revela — na música, onde mais? — a vocação radiosa da menina de óculos.

(23/01/1997)

VILÕES

Kenneth Branagh levou ao Festival de Cannes a sua versão para o cinema de *Hamlet*, a peça mais famosa de Shakespeare. São quatro horas de duração, em desafio à máxima de outro cineasta inglês, Alfred Hitchcock, para quem o tempo de qualquer espetáculo deve ser fixado por um critério prosaico, a capacidade da bexiga humana.

Limite desprezado na época do bardo, quando os teatros não tinham banheiros e o desasseio era geral. O espetáculo transcorria em meio à balbúrdia de vendedores ambulantes, prostitutas e bêbados; especula-se que as peças de Shakespeare freqüentemente começam com cenas violentas ou sobrenaturais para calar a platéia.

Algo muito diferente, portanto, do Shakespeare oficial, da imagem que dele temos hoje como um autor pesado, difícil e chato. Também produtor, além de ator, ele prodigalizava exageros mórbidos e palhaçadas, às vezes obscenas, para atrair público, o que valeu a condenação da sua obra por ninguém menos que Voltaire.

Seus assuntos sempre tinham relação, embora indireta, com o "noticiário" do dia, e no meio da mais inspirada poesia jamais feita surgem trocadilhos infames e charadas de botequim, parte irrecuperável nas traduções, parte enterrada no esquecimento, como a Carla do Tchan ou o mote "Sou leso?" estarão daqui a quatro séculos.

É essa distância entre o Shakespeare oficial e o real — uma usina imaginativa que continua em funcionamento sob a poeira das eras — que outro filme, este em cartaz, procura cobrir. Para aproximar Shakespeare da sensibilidade atual, para mostrá-lo como se fosse a primeira vez, Al Pacino escolheu um de seus vilões, Ricardo III.

Uma das inovações atribuídas a Shakespeare é que seus personagens evoluem na ação, da qual emergem, quando escapam à carnificina restauradora do final, diferentes. Exceto Edmund (*Rei Lear*), que se arrepende ao ver que é amado por duas mulheres, isso não vale, porém, para os demais vilões, fixados em suas caricaturas.

Mas eles seguem um padrão evolutivo que é mantido até hoje, por exemplo, pelos vilões de desenho animado. Primeiro, anunciam as razões de sua maldade: Iago (*Othello*) foi preterido na carreira militar e talvez no leito conjugal; Edmund é fruto de uma ligação ilegítima; Ricardo III foi vítima de malformação fetal.

Depois descrevem, com requintes de humor, tudo o que pretendem fazer e de fato fazem, a seguir, a fim de inviabilizar a vida do herói, sendo convenientemente punidos no final, quando já não há mais espaço para cadáveres no palco. Ordem e equilíbrio se restabelecem, Shakespeare era tudo menos um contestador.

Que culpa tiveram Edmund e Ricardo ao nascer, por que não foi reconhecido a tempo o inegável mérito de Iago? E Macbeth, vilão mais "moderno", súdito fiel, marido exemplar, que se torna um monstro não por vingança, como os demais, mas por fraqueza? Mesmo na harmonia cósmica de Shakespeare resta esse déficit oculto, irredutível.

(15/05/1997)

PROGRAMA DE FERIADO

A estréia, em circuito comercial, do filme *Gosto de cereja*, de Abbas Kiarostami, parece culminar a fulminante carreira do cinema iraniano nos meios *cult* do Rio e de São Paulo, repetindo-se aqui o que já ocorrera no ambiente crítico internacional. Os especialistas concedem quantas estrelinhas houver nos roteiros, o cinema iraniano é o máximo.

Vemos esse fenômeno com duplo interesse e alguma melancolia, pois o cinema brasileiro já foi, na primeira metade dos anos 60, o queridinho da crítica internacional, pelo menos "a que conta", vale dizer européia, vale dizer francesa. O novo cinema do Irã, assim como o Cinema Novo brasileiro, é pobre nos meios técnicos e popular na temática.

De tempos em tempos a crítica internacional colhe algum exemplar exótico no jardim botânico do Terceiro Mundo para contrapor seu estilo, sua "gramática", ao modelo inabalável do cinema comercial americano. Cinema obviamente é ação e o que os americanos fizeram foi desenvolver ao máximo as formas de representar a ação.

Esse desenvolvimento custa dinheiro, mais do que isso, exige um mercado rico que o sustente, o que levou todos os cinemas "alternativos" a adotar uma via de evolução anticinematográfica: não apenas o cinema europeu nas suas vertentes clássicas, mas todo cinema emergente de país pobre é mais cinema-poesia, cinema-literatura, que cinema.

Pelos mesmos motivos, ou seja, para desviar das dificuldades não apenas tecnológicas ou econômicas, mas técnicas em sentido amplo, o cinema "alternativo" tende a se apresentar como cinema-mensagem, cinema de denúncia e protesto.

Todas essas características estão presentes no cinema iraniano, exceto a última.

Os filmes de Kiarostami e seus colegas são suavemente patrióticos e até acríticos. Ao contrário dos demais povos do mundo, o iraniano é sempre honesto, educado e cortês, mesmo em meio a um dos freqüentes engarrafamentos de trânsito. Por alguma razão, nos filmes sempre é feriado, mas todo mundo continua trabalhando.

Fica-se em dúvida, por exemplo, sobre o quanto Kiarostami concorda com as bases da revolução islâmica de 79, o quanto ele é um artista que optou por transigir com a censura e o quanto ele simplesmente não está interessado em política, mas numa espécie de cinema-filosofia. Uma atmosfera vagamente oficialista recobre os filmes.

É um cinema sem vilões; o foco da ação (por assim dizer, pois não há muita ação) são situações dramáticas simples e extremas, como pequenos contos filosóficos, que se desdobram interminavelmente no panorama arenoso da tela. Trata-se, a rigor, de *road-movies*, mas introspectivo, exatamente o oposto do gênero americano.

Há exagero, e influência de simpatia ideológica no gosto estético, nessa onda em torno do cinema iraniano. O modo como o "povo simples de Deus" aparece nos filmes lembra um pesadelo totalitário. Alguns são inassistíveis (não é o caso de *Gosto de cereja*). Mas é interessante acompanhar um cinema que realmente não imita o americano.

(01/01/1998)

ASCENSÃO E QUEDA DE BERTOLT BRECHT

Este ano é o centenário de Bertolt Brecht (1898-1956). Renato Borghi já comemora em São Paulo, protagonizando a *Vida de Galileu* (direção de Cybele Forjaz), uma das peças mais famosas do dramaturgo alemão. O texto foi encenado em 68, na montagem histórica de Zé Celso da qual Borghi participou, liberada pela censura, paradoxalmente, no dia da edição do AI-5.

Duas épocas, duas encenações diferentes e agora uma oportunidade preciosa de conhecer o Galileu de Brecht interpretado por um ator não só brechtiano, mas talentoso e culto como é cada vez mais raro, a melhor escolha para o papel. Mas será que a peça sobreviveu? Nas mãos de Zé Celso, ela galvanizou um sentido bem específico.

O Galileu de 68 era um intelectual calado pela censura, como muitos na plateia, mas que nem por isso deixava de anunciar o advento de uma era revolucionária que estava por vir. Ela não veio, como sabemos, mas enquanto isso aconteceu algo imprevisível: a "nova era" foi varrida até mesmo dos lugares onde conseguira se instalar.

Não há mais censura e não há mais revolução, a metáfora do Galileu de Brecht corre o risco de se esgotar nos dilemas do geneticista que criou a ovelha Dolly. Todo o aspecto social que inerva a peça (e a obra de Brecht como um todo) se esvaziou, a própria ideia de um conflito entre progresso e reação se tornou confusa, ambígua.

Beckett e Pinter são esquálidos demais, Pirandello é muito excêntrico, Eugene O'Neill soa cada vez mais convencional, Shaw pertence antes ao século passado. Não é fácil negar a Brecht o posto de maior dramaturgo deste século. Mas suas apólices despencam na bolsa literária, o futuro de sua reputação parece incerto como o da rupia.

Sua poesia ("Diz-se que o rio é violento, mas não se diz que são violentas as margens que o oprimem") era inspirada numa doutrina que entrou em colapso. Seu teatro esteve a serviço de uma ditadura sustentada em tanta mentira que, quando caiu, caiu de podre. Para não mencionar sua conduta pessoal, muitas vezes deplorável. O que sobra de Brecht?

O leitor poderá responder por conta própria, vendo *Galileu*. Qualquer juízo conclusivo vai demorar, a Queda ainda é recente, mas não custa deixar aqui algumas sugestões em defesa do teatro de Brecht, caso ele precisasse de procuração. A imagem que temos é a de que Brecht criou uma poesia forte, mas esquemática, maniqueísta.

O objetivo era flagrar mecanismos sociais em seu funcionamento mais típico; o célebre "distanciamento" devia romper a cadeia emocional entre espetáculo e platéia, forçando o público a pensar mais do que sentir. A pobreza dos meios (comparada ao cinema...) casava com as intenções de denúncia, o teatro era um circo político.

Ao mesmo tempo, há uma complexidade subjacente. Os poderosos, por exemplo, seus vilões, são marionetes do dinheiro, de cuja tutela até gostariam de se libertar, se pudessem, enquanto que os oprimidos, saídos da tipologia popular de Shakespeare, agem em função do mais vil interesse. Brecht é menos óbvio e por isso mesmo mais duradouro do que parece.

(15/01/1998)

RINDO COM A TRAGÉDIA

Mesmo as pessoas que são tocadas pelas qualidades intrínsecas do filme *A vida é bela* — sua poesia, seu humor, sua "mensagem" de otimismo — sentem desconforto ao assisti-lo. Na primeira hora de projeção, o filme é uma engenhosa *commedia dell'arte* em que Roberto Benigni, também autor e diretor, faz o que quer.

O problema começa quando a ação se transfere para o campo de concentração. Cessam as risadas até a cena em que Benigni "traduz" as regras do campo; o filme continua sendo comédia, pensa o espectador, e volta a rir, mas não como antes. Se Adorno disse que depois de Auschwitz não é possível a poesia, que dirá a comédia?

Esse problema, que tem ocupado todos os críticos que escreveram sobre o filme, já o situa como alta comédia: além de entreter e edificar, *A vida é bela* coloca uma questão moral delicada — é lícito fazer humor sobre assunto tão terrível? —, no fundo a questão sobre os limites da comédia e da arte em geral.

O filme adota um ponto de vista categórico a respeito. O que está implícito é a noção de que o humor, em quaisquer circunstâncias, tem uma qualidade crítica e corrosiva que lhe é inerente. Jamais o humor estará a serviço de alguma tirania ou alienação porque ele tem o efeito de desnudá-las involuntariamente.

Daí a confiança com que Benigni enfrentou o assunto. Ele se valeu de outra qualidade própria do humor, a de criar inversões aparentemente absurdas que iluminam, porém, o despropósito da realidade. Assim, a idéia de que pessoas possam ser cozidas e convertidas em sabão é apresentada como alucinação infantil.

Da mesma forma, no campo de concentração, é o médico nazista, apaixonado por enigmas, quem pede ajuda ao personagem de Benigni. O dilema que ele não consegue resolver é, no fundo, o da famosa pergunta: como pôde um povo tão "culto" (o médico é saudado no filme como homem "culto") produzir tamanha monstruosidade?

Podemos falar de outras inversões; o filme é feito delas, como os chapéus que Benigni troca com o empregador do seu amigo. Cabe a cada um avaliar se todo esse procedimento enfraquece os fundamentos do nazismo, ao ridicularizá-los, ou se enfraquece a nós, porque o humor também tem um certo efeito entorpecente.

Existe outro aspecto moral. Toda a pedagogia que fornece a meada de humor da segunda parte do filme é mentirosa. Ora, a mentira é contraditória com o humor, que busca, por meio do exagero, a verdade. Além disso, ao contrário dos nossos antepassados, já não conseguimos crer em pedagogias da mentira.

Mas que sentido faz falar em verdade e mentira num campo de extermínio? Como toda obra voltada para temas definitivos, terminais, *A vida é bela* se dobra mil vezes sobre suas próprias contradições e paradoxos. Também é mera questão de gosto julgar que isso seja subterfúgio escapista ou sublimação da vida pela arte.

(25/02/1999)

VOTO DE CASTIDADE

Dogma é o nome que quatro cineastas dinamarqueses deram ao manifesto que divulgaram em 95, contendo uma série de restrições técnicas que os subscritores se comprometiam a cumprir. Os filmes do Dogma não admitem maquiagem, uso de estúdio ou de efeitos especiais, nem adereços e roupas que não pertençam aos atores.

Luz e música devem ser naturais, a câmera deve ficar na mão. Filmes de gênero, bem como tiroteios e assassinatos, ficam proibidos. O diretor não assina o filme. *Os idiotas* (Lars von Trier) e *Mifune* (Soren Jacobsen) estão em cartaz em São Paulo, onde *Festa de família* (Thomas Vinterberg) passou recentemente.

É provável que essa seja a primeira vez em que um grupo de artistas se reúne para pedir restrições em vez de liberdade. A derrubada de todas as regras, que se estabeleceu desde o modernismo, derrubou também os critérios que permitiam discernir o que é bom do que não é, o que só favorece a arte mais comercial.

Regras, quaisquer que fossem, eram importantes não apenas para ser descumpridas, abrindo novas possibilidades, mas também porque, ao oferecer resistência e dificuldade, melhoravam o impulso da criação artística. Hoje, as bienais estão cheias de contestatários que se dedicam a arrombar portas já escancaradas.

O Dogma tem sido interpretado não apenas como reação ao esteticismo decadente do cinema europeu, mas à máquina de repetição do cinema americano. Suas regras parecem o oposto do código não escrito de Hollywood. Ele se aproxima, assim, pelo despojamento e pela ênfase no roteiro, do novo cinema iraniano.

A diferença é que o cinema iraniano é fruto de uma cultura pré-industrial e teocrática, enquanto o dinamarquês é reflexo de uma sociedade pós-industrial onde os problemas coletivos foram superados. O assunto, nos filmes do Dogma, é um núcleo humano intratável que nenhuma evolução social consegue domesticar.

Embora feitos por três diretores distintos, os filmes exibidos aqui são mais semelhantes entre si do que a maioria dos filmes de um mesmo autor. Sempre se trata de estrangulamentos familiares, de fantasmas de incesto e deficiência mental que voltam para atormentar pessoas aparentemente felizes, estáveis e integradas à vida pós-moderna.

Família, incesto e idiotia são temas típicos da crise em que culmina a transição de culturas rurais para urbanas, como bem ilustram Ibsen na Escandinávia e Nelson Rodrigues por aqui. Há algo de regressivo — e de intrigante — na sua reaparição tão obsessiva no cinema de uma das sociedades mais avançadas do mundo.

Como forma e conteúdo se obrigam mutuamente, talvez essa regressão esteja em paralelo com a regressão técnica proposta nos dez mandamentos do Dogma, que os autores chamam de seu voto de castidade. Mas, por falar nisso, se você só tiver tempo para ver um filme, fuja do Dogma e prefira *Romance* (direção de Catherine Breillat), que estréia amanhã.

(12/08/1999)

SÉCULO MORTO

Nós que aqui estamos por vós esperamos, do paulistano Marcelo Masagão, é um dos documentários mais desconcertantes dos últimos tempos. Não é um grande filme, talvez nem seja um filme bom. Mas demora a sair da cabeça, onde repercute em vários níveis, desdobrando-se em ondas mais abrangentes de sentido.

A fim de retratar o século, Masagão dedicou-se a uma extenuante pesquisa de imagens. Nem se pode dizer que tenha desenterrado uma "pequena história", em oposição à crônica dos grandes feitos. Menos que isso, sua história é uma colagem de irrelevâncias, idiossincrasias e fiascos, um "Acredite, se quiser" do século XX.

Há um espírito juvenil nas escolhas, no mesmo sentido desses grupinhos de adolescentes que parecem viver para rir ("casquinar", diria um mestre-escola) de tudo o que for patético, cruel, gratuito, absurdo, desastroso ou sórdido. Os personagens escolhidos para representar o século são mediocridades fadadas ao escárnio ou à piedade.

No capítulo sobre guerra, uma mesma família, como um fornecedor confiável, provê carne humana nos sucessivos conflitos em que os Estados Unidos se meteram; no capítulo sobre aviação, os mesmos olhos estarrecidos assistem ao tragicômico vôo de um homem que se atira da Torre Eiffel e à explosão da Challenger.

O século começa e termina com estátuas sendo derrubadas na Rússia: a primeira surpresa do enfoque debochado do filme é que ele abala a crença universal de que este foi um século de transformação e progresso, ressaltando a sombria circularidade de suas vira-voltas, a sensação de "muito barulho para nada".

Acentuada pela atmosfera do cinema mudo, uma melancolia quase insuportável emana desse festival de manias idiotas, de vidas consumidas na banalidade e dissipadas pelo esquecimento. *Nós que aqui estamos* arranca risos à platéia, mas filia-se a uma corrente do pessimismo filosófico: se nada muda, nada importa.

É fato objetivo que no século XX as condições de vida da maioria melhoraram como nunca antes e o acesso ao conhecimento se democratizou bastante. Esse século tão esclarecido, porém, destinado a cumprir as promessas dos dois anteriores, termina sem que se tenham erradicado seja a fome endêmica, seja a guerra.

A principal acusação contra a nossa época será a de que, podendo resolver esses problemas, ela não o fez. Essa é a estupidez de fundo que irradia em meio à miríade de tolices estocadas no filme, que em nova surpresa afinal se revela um falso documentário: as imagens são verdadeiras, as personagens são ficcionais.

Essa revelação envolve as criaturas presas no celulóide em nova e irreparável camada de anonimato. Agora ficamos a sós com suas alegrias e esperanças esvaídas, seu breve lapso de tempo na terra, e elas nos dizem, redimindo toda melancolia: *carpe diem*, aproveita o dia; não sois menos vãos do que "nós, que aqui estamos etc.".

(02/09/1999)

Este livro foi composto em Sabon pela Bracher & Malta, com fotolitos do Bureau 34 e impresso pela Bartira Gráfica e Editora em papel Pólen Soft 80 g/m² da Cia. Suzano de Papel e Celulose para a Editora 34, em abril de 2000.